教えて欲しかった、こんな英語

永本義弘
Nagamoto Yoshihiro

Q&A

南雲堂

　　　　　は　し　が　き

　中学生から大学生、社会人までを対象に20年近く英語教育に携わっているが、その間英語の苦手な人ばかりでなく、英語が好きだという人からも数え切れない質問を浴びせかけられてきた。その中には、単なる大学受験のためだけの技術的知識から、日本の英語教育の根幹に再考を迫るような「本質論」的疑問も少なからず含まれていた。後者の質問に接する度に、私は、英語教育者の端くれとして、正しい知識を子供や若者たちに伝えられない焦燥感を抱いたものである。

　大学で「英語学」や「英文学」を専攻しなくても、平均的日本人は中学、高校、大学と10年近く英語を勉強しなければならない。「読み書きはできるようになるが、いくらやっても話せない」と批判されて久しい学校英語であるが、果たして本当に「正しい」読み書きができるのだろうか？貴重な青春時代の何％かを英語学習に割かれながら、実のところ重要な文法法則さえ教わっていないというのが現状だろう。私が本書を著すきっかけとなったのも、20年近くの教員生活の間に寄せられたさまざまな質問を通して、如何に英語の基本原則が学生・生徒たちに教えられていないかに愕然とさせられたからである。その証拠に、失礼ながら、「大学受験のとき英語はしっかりやりました。特に英文法は得意でした」という言葉を自信満々に口にする大学生や社会人の中で、本書に収められた質問に半分以上答えられる方は何割いるだろうか。

　どの分野にも妥当するが、英語学習においても基本的法則は体得しなければならない。そして、この点が重要であるが、基本法則はあくまで「明快で簡潔」でなければならない。難解なルールずくめの言語など誰も使えないからである。

　本書はそんな問題意識をベースとして、今まで私が受けた質問の中から、特に動詞に関連した基本法則をまとめてみた。「時制」「助動詞」「準動詞」「仮定

法」といった分野がそれである。但し、動詞ではないが、日本人にとって最も難解かつ不可解な分野である「可算・不可算名詞」「冠詞」に関する原則にはどうしても触れたかったので、一つの独立した章として取り上げさせてもらった。また、先に掲げた趣旨からいっそう外れてしまったが、広く英語の構造や特徴、更には発音に関する知識も紹介し、一般的教養といった雰囲気にも触れてもらおうとした。

正直に言って、完成した後読み返してみると、各分野とも重要な基本法則と思われるものから、とても基本とは思えない瑣末な知識までが混在した一貫性のない内容になってしまった。この点著者の力量至らざることの証としてご容赦下されば幸いである。また、説明もできる限り平易になるように努めたが、わかりにくい記述も多々あり、深く反省している。

最後に、本書の執筆・出版に際して最後まで暖かい励ましと助言を与え下さった南雲堂の青木泰祐取締役編集部長にこの場をお借りしてお礼を申し上げたい。

平成17年3月5日

著　者

目　　次

はしがき …………………………………………………………………3

1．時制を知ろう

Q．1　「時制」って何？ ……………………………………………9
Q．2　現在時制が表す「現在の事実」って何？ ………………10
Q．3　過去形って終わったことしか表さないの？ ……………12
Q．4　英語に未来形ってあるの？ ………………………………13
Q．5　進行形は「～しているところ」じゃないの？ …………14
Q．6　「時制の一致」ってどういうときに起きるの？ ………16
Q．7　「時」「条件」を表す副詞節ではどうして未来のことでも
　　　現在形で表すの？ ……………………………………………17
Q．8　状態動詞は絶対に進行形にできないの？ ………………18
Q．9　現在完了って終わってるの？続いてるの？ ……………20
Q．10　現在完了の「完了」「結果」「経験」「継続」はどうやって
　　　判断するの？ …………………………………………………22

練習問題および解答・解説 ……………………………………24

2．助動詞の豊かで深い世界

Q．1　助動詞の役割って何？ ……………………………………33
Q．2　"You will be quiet !"ってどういう意味？ ………………34
Q．3　will と be going to はどこが違うの？ ……………………36
Q．4　will の特別用法って何？ …………………………………37
Q．5　どうして一つの助動詞にたくさん意味があるの？ ……39
Q．6　may と can はどこが違うの？ ……………………………40

Q. 7	「〜できた」は could じゃいけないの？	42
Q. 8	must = have to じゃないの？	44
Q. 9	should と must の違いは？	46
Q. 10	教えて、should について。	48
Q. 11	shall ってどんなときに使うの？	49

練習問題および解答・解説 …………………………………… 52

3. 準動詞って何？

Q. 1	準動詞はどんな働きをするの？	62
Q. 2	どうして「〜するために」が「そして〜」になるの？	64
Q. 3	不定詞と動名詞はどこが違うの？	65
Q. 4	It is a fool of you to speak that way. / It was nice for him to behave like that. は正しい文なの？	66
Q. 5	It is not good that he blames his wife for the accident. と It is not good to blame his wife for the accident. は本当に同意文なの？	68
Q. 6	be going to、現在進行形、未来進行形、be to V が表す「予定」はどこが違うの？	69
Q. 7	現在分詞は「現在」を、過去分詞は「過去」を表すの？	71
Q. 8	分詞構文は本当はどんな意味？	73
Q. 9	懸垂分詞って何？	74

練習問題および解答・解説 …………………………………… 76

4. 仮定法で語ろう

Q. 1	仮定法って何？	87
Q. 2	英語の「法」って何？	88
Q. 3	仮定法の世界に触れよう	89
Q. 4	仮定法現在って何？	91
Q. 5	本当に仮定法は「時制の一致」を受けないの？	92

- Q. 6　どうして実現可能性があるときでも仮定法が使われるの？ ……94
- Q. 7　I wish you didn't drink too much. と I wish you wouldn't drink too much. はどこが違うの？ ………………………………96
- Q. 8　as if の中の時制は現在形でもいいの？ ………………97
- Q. 9　仮定法で使われる otherwise はすべて "if + not" の意味なの？ ………………………………………………99
- Q. 10　If it were not for〜がどうして「もし〜がなければ」という意味になるの？ …………………………………………100

練習問題および解答・解説 ……………………………………102

5. ちょっと覗いてみよう、名詞と冠詞の世界

- Q. 1　可算名詞と不可算名詞はどうやって区別するの？ ………112
- Q. 2　可算名詞を使って一般論を述べるときはどんな形を使うの？ …117
- Q. 3　it が「a + 名詞」を受けるときもあるの？ ………………119
- Q. 4　適当に the をつけていいの？ ……………………………121
- Q. 5　the は「その」と訳さなくていいの？ …………………125
- Q. 6　the にはどんな働きがあるの？ …………………………126
- Q. 7　I prefer a dog to a cat if I have a pet. と I prefer dogs to cats if I have pets. ではどちらが自然な英文なの？ ……………127
- Q. 8　名詞が後から限定されると必ず the がつくの？ …………128
- Q. 9　There is / are の後には絶対「the + 名詞」は来ないの？ ………131
- Q. 10　肯定文では some、疑問文や否定文では anyって本当？ …133

練習問題および解答・解説 ……………………………………136

6. 英語についてもっと知ろう

- Q. 1　「言葉は記号である」ってどういう意味？ ………………146
- Q. 2　コミュニケーション能力には語彙力以外に何が必要なの？ ……147
- Q. 3　「文法」はやめて「会話」にすべき？ …………………149
- Q. 4　Thinking in English って本当に可能なの？ ……………152

Q．5　どうして英語には基本動詞を使った表現が多いの？……………153
Q．6　なぜ英語には「基本5文型」というものがあるの？……………155
Q．7　I gave my wife a diamond ring. と I gave a diamond ring to my wife. はどっちを使ってもいいの？………………………………156
Q．8　第3文型（SVO + to / for）と第4文型（SVOO）は本当に同じ意味なの？………………………………………………………158
Q．9　どんなときに受動態を使うの？………………………………161
Q．10　受動態にできない場合ってどんなとき？……………………164

7．英語らしく話したーい

Q．どうすればネイティブらしく話せるの？………………………167

1

時制を知ろう

> **Q.1** 学校や予備校でよく「時制」という言葉を聞きますが、時制とはいったい何ですか？「時間」と「時制」は違うのですか？

Ans. 時制とは事柄がいつ起きたかを述語によって表したものです。言語の本質的機能は現実世界や仮想世界（想像）で起きる事柄を伝えることにありますが、事柄には始まりと終わりがあり、現在よりも前に起きたのか、後に起きるのかといった時間の流れを表す枠組みが必要となってきます。要するに、**時制とは文を発話する時点を基準として、伝えたい事柄がそれよりも以前に起きたのか（過去）、後に起きるのか（未来）を伝えるための文法的枠組**だと考えてください。

　また、時制は時間とは違って客観的・物理的な概念ではありません。あくまで、伝えようとしている事柄を時間の流れの中で話し手がどこに位置づけるのか（現在よりも前なのか、後なのか）の問題です。つまり、その位置づけは**客観的・物理的に決まるのではなく、話し手の意識によって選択される**のです。

Q. 2 現在時制は「現在の事実」を表すと教わりましたが、現在の事実とはいったい何ですか？今瞬間的に目の前で起きている出来事が現在の事実であることはわかりますが、過去や未来の事柄は現在形には一切含まれないのですか？また、「歴史的現在」というものもよくわかりません。現在形が過去のこと（歴史）を表すのですか？

Ans. 確かに、「現在の事実」と言われてもわかったような、わからないような気持ちになりますね。また、ご指摘のとおり、現在時制が表すのは、今目の前で起きている事柄だけではありません。では、現在時制が言うところの「現在の事実」とはいったい何なのでしょうか？この点につき、以下のように整理できると思います。

① **現在を含む一定期間の過去と未来にわたる状態。ここで大切なのは現在を含むという点です。**

(1) I *know* him very well.
（私は彼のことをよく知っている）
(2) She *is* stunningly beautiful.
（彼女はすごい美人だ）

また、一定期間と言っても、その長さに制限はありません。The biggest Buddha in Japan *is* in Nara.（日本で一番大きな仏像は奈良にある）といった文の場合、ここで述べられている状況は過去何世紀にもわたって存在してきたし、未来に向けてもどれ位かわからぬ期間存在し続けるでしょうが、「現在」を含んでいるという点において「現在」の状態を表しているのです。

② **現在を含む一定期間の過去と未来にわたって繰り返し起きる事柄。**

これが現在の習慣と呼ばれるものです。ここでも大切なのは現在を含むという点です。

(3) I *get* up at six these days.
　　（私はこの頃6時に起きている）

(4) He *eats* an apple every morning.
　　（彼は毎朝リンゴを食べている）

③　未来のことではあるが、ほとんど確実に起きると考えていること。これは話し手の意識では現在の事実と見なされているからです。

(5) My son *finishes* his degree next month.
　　（息子は来月卒業します）

④　今目の前で起きている事柄を述べるとき。テレビやラジオの実況中継を考えてください。

(6) Matsui *hits* a home run in the first inning !
　　（松井、1回にホームランだ！）

では、最後にご質問のあった「歴史的現在」とは何でしょうか。本当に現在時制が過去のことを表しているのでしょうか？答は否です。時制の選択は客観的・物理的事実に基づいてではなく、話し手の意識に基づいて行われるという点を忘れないでください。つまり、「歴史的現在」と言われているものでは、話し手はその事柄が起きているのを意識の中で「今」見つめているのです。話し手の心理ではその事柄はあくまで「現在」であり、したがって、現在時制が選択されているだけです。

なお、現在時制は交通機関の「発着」「予定」にも用いられます。これも話し手の心理では、現在に起きていないことが「現在の事実」とし

て捉えられている現象の一つです（上記③）。**交通機関の発着は起きる蓋然性が極めて高い事柄だからです。**

> Q.3　過去形が「過去の事実」を表すのはわかりますが、I wish I <u>were</u> a bird. や I <u>hoped</u> that you <u>could</u> come and have dinner with us. で用いられている過去形は何なのですか？過去形は過去の事実以外も表すのですか？

Ans.　仰るとおり、過去形が表すのは「過去の事実」だけではありません。この疑問を解くカギは、英語の過去形が持つ機能を知ることにあります。すなわち、過去形には、

① 現在からの時間的隔たり（これが過去の事実と言われているものです）
② 現在の事実からの隔たり（仮定法過去）
③ 人間関係上の心理的退き（丁寧な表現）

の３つの機能があります。ご質問の I wish I *were* a bird. の過去形 were は**現在の事実（I am not a bird）からの隔たりを表しており**、また、I *hoped* that you *could* come and have dinner with us next Sunday. における過去形 hoped や could は、I hope that you can come and have dinner with us next Sunday. という**現在時制が持つ相手との「至近距離」からの心理的退きを表しています**。Will you〜 / Can you〜よりも Could you〜 / Would you〜のほうが丁寧だと言われるのも、人間関係の退き（遠慮）を示すこの過去形のメカニズムがあるからです。

> **Q. 4** 学校や塾で will は未来形だと習ってきました。そうすると、どうして未来形に過去形（would）が存在するのか不思議です。

Ans. 実は、**英語には未来形は存在しません**。もちろん、「未来の will」などありません。英語では動詞を屈折させて（変化させて）時制を表しますが、その屈折によって表される時制は2つだけ、すなわち、現在と過去だけです。**will は時制を表したものではなく、「意志」や「予測」を表す助動詞です**。ただ、「意志」や「予測」は未来の目的や事柄の成立可能性について述べるものなので、学校では「未来形」として教えていますが、正しい説明ではありません。

　would は確かに will の過去形ですが、will が時制を表すものでない以上、would も時制とは無関係です。なお、be going to / be～ing / be to なども「予定」や「予測」を表しますが、もちろん、これらも未来形ではありません。

　このように、**英語には未来形が存在しないため、未来の事柄を述べるときには他の表現**（will, be going to, be～ing, be to 等）**を借用します**。その結果、未来を表す文はこれらの表現が本来持つ意味に大きく規定されてしまいます。

> **Q. 5** ネイティブと話しをしていると、よく現在進行形を耳にします。現在進行形は「～しているところです」という意味なのに、話している本人は「～している最中」ではありません。中学校で教わった現在進行形の意味は間違っているのですか？

Ans. 決して間違ってはいません。学校で教わるように、進行形の基本概念は「～している最中だ」で結構です。ただ、忘れてならないのは、**現在進行形は未来の予定を表すときにも使われるという点です**（これも現在進行形の基本概念から導かれたものですが）。つまり、未来のその時点では「～している最中である（もう予定として組み込んでいるから）」→「～する予定だ」となります。もっとも、現在進行形が未来の予定を表すときには「～しているところだ」と訳してはいけません。そうした状況が話し手の頭の中で描かれているだけです。あなたがよく耳にするネイティブの現在進行形もこの予定を述べているのだと思います。

進行形に関してもう一つ重要なことを指摘すると、**進行形は事柄の「部分」しか表していない、つまり、その行為は終了していないという点**です。例えば、

(1) He *ate* lunch.
(2) She *ran* to the station.

といった非進行形では、eat（食べる）、run（走る）という行為は終了しています。完了形になっても進行形でない限りその点は同じで、

(3) He *has eaten* lunch.
(4) She *has run* to the station.

としてもやはり行為は終了しています。ところが、

(5) He *was eating* lunch.
(6) He *has been eating* lunch.
(7) She *was running* to the station.
(8) He *has been running* to the station.

という進行形にすれば、それらの行為は終了していないことを意味しています。このように、進行形は事柄の一部分しか表していないという点を押さえておいてください。この知識は後ほど説明する現在完了を理解する際の不可欠なポイントとなります。

Q.6 「時制の一致」というものを習いましたが、Mariko told Ken that her father is angry with him. という文を見かけたことがあります。これは her father was angry with him の間違いではないですか？

また、不変の真理は時制を一致させないとも教わりましたが、What did you say her name was？という文に接したこともあります。「彼女の名前」は不変の真理なので、What did you say her name is？になるのではないですか？

Ans. 学校や予備校では時制を客観的・物理的事実を表すかのように教える人がいるので生徒が混乱するようですね。繰り返し述べたように、**時制の選択は話し手の意識に基づいて行われます**。話し手が過去を現在として意識すれば「現在時制」を用い、また、未来のことでも過去として捉えれば「過去時制」を選択します。

これを時制の一致という観点から説明すると、**従属節の内容が発話時においても成立していると考えるときは時制を一致させません**。上記の Mariko told Ken that her father *is* angry with him. の例では、真理子の父は今でも彼に怒っていると話者（真理子ではなく、この文を言った人）は考えているのです。

一方、Mariko told Ken that her father *was* angry with him. であれば、**真理子の父がこの文を述べた時点においても怒っているかどうかは話し手の意識にありません。こうした場合には自動的に時制の一致が行われます**。そして、当然、前者の文（her father *is* angry）では、Is he still angry？と聞き返せば奇異に感じられますが、後者（her father *was* angry）では自然な問答となります。

そうすると、ご質問の What did you say her name *was*？という文の謎も解けましたね。確かに、「地球は太陽の周りを回っている」や「彼女の名前」は不変の真理ですが、**話し手の中ではそれが文を述べた時点においても成り立っている事実であるという意識は働いていません**。したがって、時制が一致しているのです。

> Q.7 「時」「条件」を表す副詞節の中では、未来のことでも現在形を用いると教わりましたが、どうしてですか？また、名詞節の中ではそういうことは起きないと言われましたが、その理由も教えてください。

Ans. 　高校や予備校で時制の問題をやらされるとき、必ず教えられる文法規則であり、センター試験を含む入試問題にも出題される論点ですね。でも、理由を聞かされた人は少ないと思います。さて、次の２つの文を見てください。

(1) a. I'll tell him the truth when he *comes* back.
　　b. If it *snows* tomorrow, the game will be put off.

どちらも文法の時間にやらされる典型的な問題です。

　さて、副詞節中の comes, snows は現在形をしていますが、発話時における話し手の意識には「現在」は存在しておらず、現在形の選択は間違っているように思えます。しかし、果たしてそうでしょうか？「彼が戻って来る」「明日雪が降る」という状況は、I'll tell him the truth / the game will be put off という主節の出来事が起きる前提「事実」として述べられているのです。つまり、**話し手の中では、he comes back / it snows tomorrow という状況は「予測」ではなく、「揺るぎない事実」として描かれているのです。**一方、

(2) a. I don't know when she *will come* back
　　b. It doesn't matter if he *'ll join* us.

といったように、名詞節の中では will が用いられていますね。これは「時」「条件」を表す副詞節とは違い、**名詞節で示されている**出来事は話し手にとって「安定した事実」ではなく、「予測」内容にすぎないから

です。

> **Q. 8** 状態動詞は進行形にできないと教わりましたが、絶対に進行形にできないのですか？この前、He's understanding the rules here better now. という文を見かけました。understand は「理解している、わかっている」という意味の状態動詞なのに、どうして進行形にできるのですか？

Ans. まず、なぜ状態動詞は原則として進行形にしないかを説明しておきましょう。状態動詞が表す事柄は、現在時に成立している場合には、その前後（過去と未来）の一定の幅を持った時間枠においても成立しているのが通常です。I *love* you. と彼女に告白するとき、話し手は「今この瞬間だけ君を愛している。明日はわからない」と言っているのではありません。当然昨日も愛していたし、明日も愛していることでしょう。「死ぬまで愛する」ことを意識している場合もあります。つまり、はっきりとした時間的始まりと終わりを意識できないのが状態動詞です。明確な時間的区間を持たない以上、事柄の一部分を表す進行形を用いる必要性はないのです。

　さて、質問に移りますが、一般に状態動詞と呼ばれているものには、be, belong, lie, remain, stand, surround（存在・位置）、contain, have, keep, know, need, own, possess, understand, wear（所有・保持）、differ, resemble, vary（類似・相違）、adore, believe, dislike, fear, hate, like, love, think（心理）、appear, feel, hurt, itch, look, seem, smell, sound, taste（五感で感じられる主語の性質）などがあります。そして、これらの動詞は原則として進行形で用いる必要はありません。でも、その規則にも例外があります。それは、

① 変化の過程を強調するとき、
② 一定期間の状況や心理を強調するとき、

です。①の例では、

(1) Kenji *is resembling* his father these days.
（健二は近頃父親に似てきたわね）
(2) He*'s not hearing* so well now.
（彼だんだん耳が遠くなってきてるんだ）

といった文が考えられます。ご質問の He is understanding the rules here better now.（彼はここの規則がだんだんわかってきている）もこの例です。また、②では、

(3) You*'re being* beautiful tonight.
（今夜の君はやけにきれいだね）
(4) I*'m loving* every moment of this movie.
（今までのところはこの映画楽しんでますよ）
(5) I *was thinking* he would come and see me.
（彼が会いに来てくれるんじゃないかなと考えていました）

などの文があり得ます。

このように**本来は状態動詞**でも、「行為性」や「出来事性」が強くなると、行為動詞（出来事動詞）のように扱われ、進行形は可能となります。

> **Q. 9** 現在完了には「完了」「結果」「経験」「継続」があると教わりましたが、果たして終わっているのか、続いているのかよくわかりません。英語の先生は「前後の文脈で判断しろ」と言いましたが、本当にそれでいいのですか？また、過去と現在完了の違いも教えてください。

Ans. 現在完了に関してこのような疑問、悩みを持つ人は相当数いることでしょう。まさに、現在完了は英文法の「躓きの石」といっても過言ではありませんね。この原因は、完了形というものを時制の観点からしか説明しようとしなかったところにあります。

　現在完了を時制の面から説明すると、過去ではなく、「現在」に属します。話し手の意識はあくまで「現在」にあるからです。ただ、話題にしている事柄が終了しているので、「完了」という言葉が付いているだけです。この点をしっかり押さえていなければ、「終わっているのか、続いているのか」がわからなくなってしまいます。現在完了で表される事柄は現在時においては終わっています。Q. 5で説明したように、非進行形を用いていることからもそれは理解できるはずです。すなわち、現在完了とは、

　話題にしている出来事は過去のこと（完了したこと）、しかし、話し手の焦点は現在

ということになります。「現在もまだやっている」（継続）ことを述べるときは、完了形ではなく、完了進行形を用います。但し、状態動詞の場合は進行形を使って事柄の一部分を表す必要がなかったように、完了進行形で事柄の一部分（継続）を表す必要はありません。つまり、完了形で継続を表します（この場合には、alwaysなどの副詞を添えるのが一般的です）。

　次に、過去と現在完了との違いを例文を交えて説明しましょう。

(1) I *came* across Keiko yesterday for the first time in ten years. I *didn't recognize* her at first, because she *has changed* so much in appearance.
（昨日慶子に10年ぶりで会ったんだけど、最初はわからなかったよ。だって、外見が随分変わっちゃったから）

(2) Junko: I *traveled* all around Europe when I was a college student.
（大学生のとき、ヨーロッパを旅して回ったの）
Mariko: You can be proud of it. I*'ve always wanted* to go there.
（羨ましいわね。私もずっと行きたいと思ってたの）

もうわかっていただけましたね。**過去と現在完了の分水嶺は、「現在」という時点を意識に含むか否かです。過去形には「今」は含まれておらず、現在完了には「今」が含まれています**（終わった事柄を取り上げている点では両者は共通していますが。もっとも、過去形は確定的な過去時に起きた事柄について述べるのに対して、現在完了は現在以前の不確定時に起きた事柄を述べるという違いはありますが）。そうすると、(1)の前半で came, didn't recognize と過去形になっている理由が理解できますね。話し手の意識はどう考えても昨日の出来事にしかなく、現在完了では焦点がずれてしまうからです。一方、「彼女変わっちゃった」の has changed の部分はどうでしょうか。今度は（変わってしまった）現在の彼女に焦点がありますね。(2)でもまったく同じ原理です。純子の意識はもう過去となってしまった大学生のときの経験にしかありません。それに対して、真理子は今までずっと行きたかったし、今でも行きたいと思っています。つまり、真理子の意識には「今」が含まれています。

> Q. 10 現在完了の「完了」「結果」「経験」「継続」はどうやって判断すればいいのかがわかりません。

Ans. これも日本の英語学習者にとって悩みの一つです。学校で明確に教わらないことにもその原因はありますが、何よりも、「完了」「結果」という言い方が曖昧でわかりにくいですね。Q. 9で説明したように、現在完了とは「話題にしている事柄は過去のこと、話し手の焦点は現在」のことです。

では、話題にしている過去の事柄と焦点である現在とはどのように結びついているのでしょうか。この過去の事柄と現在との関連性を述べたのが、よく言われている「完了」「結果」「経験」「継続」というものです。もう少し詳しく説明しましょう。「完了」とは、過去の事柄によって現在の状況が影響を受けていると感じるときに、「結果」とは、過去の事柄の結果が現在に存続していることを意識するときに、そして、「経験」とは、過去の事柄が主語の現在の状況や属性に（プラスであれマイナスであれ）何らかの要素をつけ加えていると感じるときに使われます。例えば、

(1) He *has eaten* the sandwiches.

という文であれば、通常「完了」か「結果」を表します。今が幕末や明治維新の頃で、日本人のほとんど誰もがサンドウィッチというものを見たことも食べたこともないという状況下でこの文を発した場合には、「あいつはサンドウィッチを食べたことがある（凄い奴だ、運のいい奴だ、金持ちだ、西洋かぶれの奴だ等々→これは文脈で判断するしかありません）」といった主語の状況や属性に何らかの要素を加える「経験」になることもあるでしょう。しかし、現代においてはサンドウィッチを食べたことが主語に何か特別な要素をつけ加えるとは考えられません。

したがって、「彼、サンドウィッチ食べたとこだよ（だから今お腹空いてないはずだよ、昼ご飯に誘っても来ないかもしれないな等々）」という「完了」の意味か、「あいつがサンドウィッチ食べちゃったよ（だから今ないだろ）」という「結果」の意味になります（普通は just や already などの副詞を添えて「完了」か「結果」を明示します）。では、

(2) Look ! The taxi *has arrived* out there.

はどうでしょうか？外で既に待っているタクシーを意識しながら言っているなら、「ほら、もうタクシー来てるよ」という「結果」ですね。他方、

(3) She *has played* at Carnegie Hall.
(4) He *has committed* theft.

であれば、「彼女はカーネギーホールで演奏したことがある（凄い人だ）」「彼は窃盗を犯したことがある（信用できない男だ、悪い奴だ）」といった「経験」を表すことは十分考えられます。

　なお、**現在完了で説明してきたことはすべて過去完了や未来完了にも当てはまります。基準時がそれぞれ過去と未来の時点にズレるだけです。**例えば、過去完了では、話し手は「過去の時点では既に終わっていたことを話題にしながら、焦点はその過去の時点にある」ことになります。また、「完了」「結果」「経験」「継続」といった概念もまったく同じです。

練習問題

問(1)～(20)の ( ) に入れるのに適切なものを、①～④の中から選び、番号で答えよ。

(1) It is a well-known fact that the speed of sound (　) with the density of the medium.

① varies　② is varying　③ has been varying　④ varied

(2) He (　) tennis with his colleagues after work for an hour.

① often plays　② would be playing　③ are playing
④ will have played

(3) He (　) tennis with his colleagues after work for many years..

① often plays　② has often played　③ was playing
④ will have often played

(4) I admit that I (　) to the club at the time of the attempted murder.

① belong　② has belonged　③ was belonging　④ belonged

(5) Akira and I (　) for Hokkaido on the 24; everything for our trip has been arranged.

① have left　② will leave　③ are leaving　④ left

(6) It won't be long before he (　) home safe.

　　① return　　② are returning　　③ will return　　④ returns

(7) When (　) the last meal ? What a hearty appetite !

　　① was　　② has been　　③ had been　　④ have you eaten

(8) I (　) English when my mother suddenly came in my room.

　　① have often studied　　② was studying　　③ studied
　　④ would be studying

(9) My father eats an apple after he (　) a walk every morning.

　　① is going to take　　② took　　③ was going to take　　④ has taken

(10) When I (　) the smug bastard in the mouth, my friend caught me by the sleeve.

　　① have been punching　　② was about to punch
　　③ thought punch　　　　　④ would punch

(11) Mr. Sakakibara (　) here for five years by next March.

　　① has been teaching　　② will have taught　　③ will teach
　　④ will be teaching

(12) The boys (　　) outside when the sun (　　).

① were still playing, had already set
② have already played, has set
③ still played, has set
④ will play, sets

(13) I (　　) for about two hours when she (　　) in.

① had already read, came　　② will be reading, comes
③ had been reading, came　　④ was reading, had come

(14) Would you put it back where it was as soon as you (　　) it ?

① will be through　　② will have been through
③ have been through　　④ were through

(15) Before we fully understand what we are, we (　　) us.

① will be cloning　　② will have been cloning
③ are cloning　　④ clone

(16) The average housing cost (　　) for the last ten years and the increase has no sign of abating.

① was rising　　② was about to rise　　③ has risen
④ has been rising

(17) I guess (　　) a happy married life with him this time next year.

① I'll live　　② I'll be living　　③ I'm about to live　　④ I'm living

(18) My wife (　) to meet you at the station when your train arrives.

① will wait　② will be waiting　③ has been waiting　④ waits

(19) "Now you're getting the fruits of the training !"
"Yes, Doc. (　) things so well these days."

① I've seen　② I saw　③ I see　④ I'm seeing

(20) The sky (　) to a sunset evening when I went out.

① cleared up　② had cleared up　③ had been clearing up
④ would be clearing up

解答　解説

(1) ①「音の速度が媒体の密度によって変化することはよく知られた事実である」

● 従属節はいわゆる不変の真理を述べています。不変の真理と時制の一致に関しては、Q.6で述べたように、話し手が従属節中の事柄が発話時においても成立していることを意識していなければ、時制の一致は行われます。しかし、本問では主節も現在時制なので、時制を一致させる必要はありません。

(2) ①「彼は仕事を終えた後、同僚たちとよく１時間テニスをします」

● for an hour に目を奪われて完了形や進行形を選んだ人がいるかもしれませんね。でも、よく考えてください。本問は「仕事を終えてから、よく１時間テニスをする」という現在の習慣を述べたものと考えるのが自然です。

(3) ②「彼は仕事を終えた後、何年間にもわたってよく同僚たちとテニスをしてきた」

● 今度は「継続」の意味の現在完了を選ばなければなりません。「仕事を終えた後、何年間もテニスをする」という現在の習慣はあり得ませんよね。なお、play は行為動詞（出来事動詞）ですが、ここでは「同僚たちとよくテニスをしてきた（そういう習慣だった）」という意味なので、完了進行形ではなく完了形が使われています。

(4) ④「その殺人未遂事件が起きたとき、クラブに所属していたことは認めますよ」

● the attempted murder の the から過去の出来事だとわかりますね。そうすると正解は③か④に絞られますが、belong は状態動詞なので、Q.8で説明した例外を除けば進行形にはしません。

(5) ③「明と私は24日に北海道へ行く予定よ。もう旅行の準備はすべて整ったわ」

- 「旅行の手配がすべて整い、24日に出発する」と言っているのですから、発話時の意志を表す will ではなく（詳しくは助動詞のところで説明します）、既にスケジュールに記載できるような「予定」を述べるときの現在進行形が正解となります。

(6) ④「彼はすぐに無事帰国するだろう」

- before は「時」を表す副詞節（Q. 7 参照）

(7) ①「最後にご飯食べたのいつ？すごい食欲だな！」

- 過去の時点を問うているのですから、話し手の意識は過去にしかなく、現在に焦点がある現在完了は選べません。

(8) ②「母が突然部屋に入ってきたとき、私は英語の勉強をしているところだった」

- 母が突然部屋に入って来たというのは、時間にすれば瞬間に近い短さです。そのとき英語の勉強を始めて、そして勉強を終えたという意味の非進行形（studied）はあまりにも不自然ですね（人によってはそんな瞬間的勉強をする人もいるでしょうが）。ここは、行為の最中（事柄の一部分）を表す進行形が適切です。

(9) ④「私の父は毎朝散歩した後リンゴを食べます」

- 現在と時間的に密接に関係した事柄を表すときは、従属節の中で現在完了も使えます。

(10) ②「あの嫌な野郎の口に一発お見舞いしようとしたとき、友達が俺の袖を掴んだんだ」

● be about to V で「今にもVしようとする」はご存知だと思います。①だと現在まで殴っていたことになり、袖を掴まれた時点（過去）と時間がズレてしまいます。なお、③は thought of punching（殴ろうと思った）とすれば正解になります。

(11) ②「榊原先生は来年の３月で５年間ここで教えていることになる」

● 「継続」の意味の未来完了です。by next March（来年の３月が来ると）から判断してください。なお、teach は行為動詞（出来事動詞）ですが、本問は will have been a teacher の意味なので完了形で継続を表しています。

(12) ①「日が沈んだというのに、男の子たちはまだ外で遊んでいた」

● 従属節は過去よりも前の事柄を述べていますが、話し手の焦点は子供たちが遊んでいた過去の時点にあります。したがって、ここは過去完了（日が沈んでもう暗くなっていた→「結果」）が正解です。もちろん、主節では事柄は終わっていなかったので、were still playing と進行形にしなければなりません。

(13) ③「本を読んで２時間ほど経ったら、彼女が部屋に入ってきた」

● もう完璧ですね。「話し手の焦点は彼女が部屋に入ってきた時点（過去）、しかし、本を読むという行為はそれ以前から行われていた、そして、その行為はまだ終了していなかった」などの点から答が得られるはずです。

(14) ③「読み終えたらすぐにその本を元の場所に戻しておいてくださいね」

● 「時」「条件」を表す副詞節の中では未来完了形の代わりに現在完了形を用います。その理由はQ.7で説明したのと同じです。

(15) ①「人間というものを完全に理解する前に、我々は自分たちのクローンを作っているだろう」

● 未来のある時点では「～している最中だろう」という未来進行形が正解になり

ます。②だといつの時点までの継続かがわかりません。「完全に理解するまで、完全に理解する頃には」という未来の基準時がなければ未来完了も未来完了進行形も使えません。また、③の現在進行形で予定を表すことはできますが、文意からいって、現在進行形を用いるほど計画が進んでいるとは思えません。

(16) ④「平均的な住宅価格はこの10年間上昇を続けており、終息する兆候はない」

● 10年前(過去)から現在まで上昇を続けており、現在もまだ続いているのですから現在完了進行形になりますね。

(17) ②「私、来年の今頃は彼と幸せな結婚生活を送っていると思うわ」

● I guess (私は思っている) と this time next year (来年の今頃) という表現から、話し手は未来のある時点(もちろんここでは来年の今頃)において進行中の行為(〜している最中)を頭に描いていることがわかりますね。正解は未来進行形の I'll be living になります。

(18) ②「あなたの列車が到着する時間には妻が駅で出迎えています」

● 間違った人は文意をよく考えてください。「あなたの列車が到着したときに待ち始める」(will wait) のではなく、「到着したときには待っている最中」なのです。したがって、(17)と同じく未来進行形を選ばなければなりません。

(19) ④「訓練の成果が出てますね」
　　「はい、先生。最近物がよく見えてきました」

● 感覚動詞 see は「見える」という意味のときは状態動詞ですが、Q.8で説明したように、変化の過程や一定期間の状況・心理を強調するときには進行形にできます。本問では「最近視力が回復してきた」という変化の過程を述べているので、現在進行形のほうが文意に沿います。

(20) ②「私が外に出たときは、空は晴れ渡り、夕焼け空になっていた」

- 話し手の焦点は「外に出た」時点（過去）ですが、そのときには空は晴れ渡り、晴れた結果としての夕焼け空を眺めていたのです。したがって、「結果」を表す過去完了が正解です。

助動詞の豊かで深い世界

> **Q. 1** can, may, must などは助動詞と呼ばれていますが、助動詞とはどういった役割を果たしているのですか？

Ans. 日本語の助詞や助動詞においてもそうですが、英語でもそれらに該当するものは種類も意味も豊富です（名詞に意味的役割を与えるものは日本語では助詞、英語では前置詞と呼ばれています。例えば、「令子が」における格助詞「が」が、令子という名詞に「主語」の役割を与え、from Tokyo における前置詞 from が Tokyo という名詞に「起点」としての役割を与えているようにです）。しかし、一見すると複雑で、無味乾燥に思える助動詞にもしっかりとした基本概念が備わっています。それらを把握すれば、助動詞の習得もそれほど困難ではありません（個々の助動詞に関しては後ほど説明します。また、Q and A で取り上げることができなかった内容は練習問題の解説で扱わせていただきました）。

では、助動詞の役割とは何でしょうか。学校では、「助動詞は動詞の前に置かれて動詞の意味を助けます。そして助動詞の後は必ず動詞は原形になります」としか説明されません。でも、これだと助動詞とは何なのかまったくわかりませんね。なぜ助動詞の後では動詞は原形になるのかすら説明されていないのが現状です。そこで、助動詞の役割を意味的観点から次のように定義したいと思います。

① 意志、怒り、焦り、義務感、皮肉、同情、憐憫といった感情的色彩を文につけ加える、

② 話し手が、話題としている事柄の真実性をどれくらい確信しているかを表す（だから、助動詞の中には「法助動詞」と呼ばれているものがあります。「法」とは心的態度＝Moodのことであり、事柄の真実性に対する話し手の確信の度合いを示します）、

という2点が助動詞の役割と言えます。このような観点から捉えると、普段のコミュニケーションにおいて助動詞が如何に重要であるかがわかっていただけると思います。

Q.2 カナダから英語を教えに来ている先生が、今日の授業中生徒たちが静かにしないので、"You will be quiet !"と凄むような口調で怒りました。これは「あなたたちは静かになるでしょう」と訳すのですか？ will には「〜するつもり」と「〜でしょう」という2つの意味があると習いましたが、何だかここではしっくりきません。教えてください。

Ans. 確かに、**will の本質は「〜するつもり」（意志）と「〜だろう」（予測）**です。学校ではこれを「意志未来」「単純未来」と教えているようですが、意志未来という言葉は何とかわかるにしても、単純未来という言い方は曖昧でわかりにくいですね。話し手の意志とは関係なく、未来の事柄が起きるということを言いたいのだと思いますが。実は、この単純未来と呼ばれているものは、ほとんどの場合、話し手の「予測」と言い換えることができます。そして、**will で示される予測は、現在や将来の状況に対する「確信や自信」（certainty and confidence about present or future situations）のことです。つまり、話し手は伝えようとしている事柄が確実に起きると思っているのです**。ただ、現在形が持つ断定の響きを和らげるために will を用い、更には、will が持つ断定の響きを和らげるために I think, I'm sure, probably などが添えられたりします。例えば、

(1)　Don't worry. He comes to see you today.
(2)　Don't worry. He will come to see you today.
(3)　a.　Don't worrry. I'm sure he'll come to see you today.
　　　b.　Don't worry. He'll probably come to see you today.

といった具合に断定の響きが弱くなっていきます。
　では、ご質問の will は何でしょうか？実は、これも「予測」なのです。不思議に思えるかもしれませんが、話し手は「あなたたちは（確実に）静かになるだろう」と予測しているのです。なぜ他人の行動に関してそのような判断が下せるのでしょうか？それは他人に行動を強制・命令できる立場にあるからです。つまり、"You will be quiet !" は「静かにしなさい」という命令文なのです。もちろん、この will は強い命令だけに用いられるとは限りません。例えば、友人の家に招かれて、そこのお母さんが、

(4)　You'*ll* help yourself to the cookies.

という文を発したら、それは「お菓子を自由に取って食べてね」といった程度です。**同じ語を用いても、互いの人間関係、話し方、その場の状況、表情などによって絶えず意味は影響を受けます。**

> Q. 3　will と be going to は同じ意味ですか？もし違いがあるなら、教えてください。

Ans.　中学校で will = be going to と教えられ、何度も書き換え問題をやらされた記憶のある方は多いと思いますが、この２つの表現は使われる状況が違います。２つの異なった表現が100％同じ意味を表すのなら、言語経済上、どちらか一方は消える運命にあります。異なった表現形式の存在は意味的差異の存在を物語っているという点を言語学習者は覚悟しておかなければなりません。

　では、will と be going to の違いは何でしょうか。will の**基本概念は「意志」と「予測」**ですが、この意志は発話時に決めた意志です。発話時まで予定になかったことを「〜しよう」と言っているのです。例えば、「今日の午後何するの？」と聞かれて、「そうだ、テニスをしよう」とその場で決めたときには、I'*ll* play tennis. と答えます。また、電話が鳴り、「私が出よう」と言うときにも、I'*ll* get it. と言います。

　一方、**be going to は「予定」と「予測」**を表します。「今日の午後何するの？」と聞かれたとき、既にテニスをするつもり（予定）だったのなら、I'*m going to* play tennis. と言わなければなりません。では、電話が鳴ったとき、I'*m going to* get it. と言うのはどうでしょうか？電話が鳴ったら自分が出ようと思って待ち構えていたことを伝えたいのなら別ですが、普通は不自然な表現になってしまいますね。このように、**be going to の「〜するつもり」は、発話時には既に決めてあったことを伝えるときに用います。**

　では、「予測」の will と be going to との違いは何でしょうか。Q. 2で will を用いた予測は確信や自信を示すと言いましたが、この確信や自信には何ら客観的な根拠は必要ありません。それに対して、**be going to は、状況から判断してそうなる根拠が発話時に存在するとき（未来に起きることの原因が現在存在しているとき）の予測です。**例えば、

(1) Look ! There are lots of dark clouds gathering. It's *going to* rain tomorrow.
（ほら、黒い雲がいっぱい集まってきてるぞ。明日は雨だな）

(2) My wife *is going to* have a baby next month.
（妻は来月出産です）→根拠があるに決まってますね。

といったようにです。

以上、「意志」「予測」の will と「予定」「予測」の be going to には重要な違いがあります。そして、そのことは、be going to という形にも現れています。**既に to 以下の示す状況に向って進行しているということは、予定がなければ、また根拠がなければ成り立たないからです。**

> **Q. 4** 文法書には will の特別用法として「～するものだ、～したがる」（習慣・習性）、「どうしても～しようとしない」（現在の強い拒絶）、「～してくださいませんか」（依頼）があると書かれていますが、どうしてこれらが特別なのですか？

Ans. 結論から申し上げますと、何ら特別なものではありません。**すべて will の本質である「意志」と「予測」から派生したものです。**同じ単語が持つ射程範囲には限界があります。例えば、「愛情」という名詞 love は動詞としても使いますが、動詞になった瞬間に「憎む」という意味に転じることはあり得ないのです（もちろん、社会的事実としては両者は紙一重かもしれませんが……）。助動詞も例外ではありません。例えば、

(1) My grandfather *will* sit looking out of the window for hours in the afternoon.
（祖父は午後何時間も座って窓の外を眺めています）

のwillには、**何時間も座って窓の外を眺めるという行為を「習慣」としてしまうような祖父の「意志」**が感じられますね。また、よく文法書で見かける、

(2) A baby *will* cry.
　　（赤ん坊とは泣くものだ）

のwillには、**赤ん坊の「習性」が経験則から「予測」される**、すなわち、「赤ん坊とは泣くことが予測できる→赤ん坊とは泣くものだ」といった意味の連続性が感じられるはずです。では、

(3) He is so proud that he *will not* accept our job offer.
　　（彼はプライドが高いので、我々の就職の申し出を受け入れようとはしない）
(4) This car *won't* get started this morning.
　　（今朝はこの車のエンジンがどうしてもかからない）

のwill not, won'tはどうでしょうか。「どうしても受け入れようとはしない」「どうしても動こうとはしない」、彼や車の「意志」を感じ取れませんか？そうすると、

(5) *Will* you open the window?
　　（窓を開けてくれませんか？）

などは楽勝ですね。相手に行動を「依頼」する前提として、相手の「意志」を確認しているだけなのです。

　なお、「過去の習慣」を表すwould（よく〜したものだ）、「過去の強い拒絶」を表すwould not（どうしても〜しようとしなかった）も、文

法書によっては would の特別用法と紹介されていますが、これらも何ら特別なものではありません。**習慣の will、拒絶の will not が過去になっただけの話です。**

> **Q. 5** can には「能力」（〜できる）、「許可」（〜してもよい）、「推量・可能性」（〜する可能性がある）、「強い疑問」（果たして〜だろうか）、「否定的推量」（〜のずがない）など複数の意味がありますが、なぜ一つの助動詞にこんなにたくさんの意味があるのですか？

Ans. 我々ノン・ネイティブは、一つの単語にまったく関連性のない意味が複数存在すると考えがちですが、それは間違いです。**中心となる概念が他のイメージへと拡大され、あたかも複数の意味を持つようになったと感じられるだけです。あくまで、根底では共通の感覚でつながれています。**ご質問の can を例に取ると、can の本質は「（潜在的）能力」（やろうと思えばできる）です。では、この「能力」が如何にして「許可」「可能性」「強い疑問」「否定的推量」などの意味を持つようになったのでしょうか？例文で説明しましょう。

(1) You *can* eat in this room.
 （この部屋で食べようと思えば、食べることができますよ→食べていいですよ）

(2) This medicine *can* cause some strong side effect.
 （この薬は何らかの強い副作用を引き起こす能力を秘めている→引き起こす可能性がある）

(3) *Can* it be true that she knew the fact ?
 （彼女がその事実を知っていたことは真実となり得るのか？→果たして本当なのか？）

(4) He *can't* be her father !
 （彼が彼女の父親だという事態は潜在的にもあり得ない→父親の

はずがない)

といったイメージの流れを見れば、容易に理解していただけると思います。

> **Q.6** may と can の意味は似ていますが(特に「許可」や「可能性」を表すとき)、その違いを教えてください。

Ans. 確かに、may にも can にも「〜してもよい」という意味と、「〜する可能性がある、〜かもしれない」という意味があります。でも、それぞれの本質的意味には違いがあります。

　まず、may の本質は「許可」なので、当然その響きには「許可」を与える側の権威や横柄さが感じられます。一方、先に述べたように、「(潜在的)能力」を本質とする can の「許可」には may に漂う権威や横柄さはなく、場合によっては、「できる→権利がある」という意味にもなります。したがって、人に許可を与えるときは、can を用いたほうが柔らかい印象が伝わります。逆に、相手に許可をもらうときは、目上の人や親しくない人に対しては、Can I〜? よりも May I〜? のほうが無難でしょう。

　「可能性」に関しても両者には次のような差異が生じます。may の「可能性」が「〜だと考えてもよい→〜の可能性がある、〜かもしれない」という現実的(実際上の)可能性を言うのに対して、can の場合は「〜する潜在的能力を秘めている→〜することもありうる」という理論上の可能性を表します(実際にはどちらを使っても文意が通じることが多いですが)。

(1) a.　It *may* snow in Sapporo in June.
　　　(札幌では 6 月に雪が降ることもある)

b. It *can* snow in Sapporo in June.
   （札幌では6月に雪が降る可能性がある）

may では実際に降る可能性があることを示唆しているのに対し、can の場合は、例えば、過去に降ったことがなくても、何らかのデータに基づけば理論上は降る可能性があるということを言っています。但し、文によっては、

(2) "Do you have any idea where he is now?"
   （彼今どこにいるか知ってる？）
   "No idea, but he *may* be eating out with Nancy."
   （はっきりわからないけど、ナンシーと食事しているかもしれないわね）

と may を使えば適切でも、

(3) "Do you have any idea where he is now?"
   "No idea, but he *can* be eating out with Nancy." → ×

と can では不自然になってしまうものもあるので注意してください。
　なお、祈願文で用いられる may というのをご存知かもしれませんが、実はこれも「許可」なのです。つまり、

(4) *May* the Christmas bring you happiness !
   （楽しいクリスマスを！）

では神に対して許可を求めているのです。

> **Q.7** 「柔道の練習ができた」と伝えたくて、"I could practice Judo." と言ったら、アメリカ人の先生に "I was able to practice Judo." と訂正されました。どうして could じゃいけないのですか？

Ans. その先生はあなたが何を言いたかったのかわかってくれましたが（わかったから訂正してくれたのです）、質問にある英文を何の文脈もなく発した場合には、「今柔道の練習をしようと思えばできるのだが」という仮定法に取られてしまいます。日本の学校では could の使い方を正しく教えないので、英語圏で誤解される日本人がかなり多いと聞いたことがあります。

　ここで簡単に could の使い方を整理しておきましょう。また、併せて、ネイティブの先生が使った be able to にも触れておきます。

　まず、could には確かに「できました」という意味がありますが、あくまで「（潜在的）能力」を表す can の過去形なので、永続的・一般的な能力 (general ability) について用いられ、その場限りの単発的な行為 (on one occasion) には使えません。後者の場合には、be able to, succeed in, manage to などを用います。したがって、

(1) I *could / was able to* run faster than Yoshio when we were high school students.
 （高校生の頃は良雄より俺のほうが足が速かった）

は正しい表現ですが、

(2) Finally she *could* locate the key. → ×
 （やっと彼女は鍵を見つけることができた）

とは言えません。この場合は、she was able to find、もしくは managed to find / succeeded in finding としなければなりません。

ところが、話はそんな簡単には終わらないのです。could を「〜できた」という意味で使える場合もあるからです。それは、

① see, hear, taste, feel, smell などの感覚動詞や、understand, remember, guess などの理解・思考を表す動詞と共に用いるとき、
② 従属節で用いるとき、

です。例えば、

(3) I *could* understand everything he said.
（私には彼女の言ったことがすべて理解できた）
(4) I'm happy that my son *could* pass the entrance examination.
（息子が合格できて嬉しい）

といったようにです。

一方、be able to は「実現能力」を表すので、感覚動詞や認識動詞が後に続くことはありません。また、be able to の後では受動態の不定詞が用いられることもありません。

(5) He *cannot* be understood. →○
(6) He *is not able to* be understood. →×

なお、助動詞は2つ続けることができないので、will の後では be able to を用いると教わりますが、これは形式上の理由からではなく、将来できるだろうというのは「潜在能力」よりも「実現能力」を指すのが一般的だからです。

最後に、これも重要なことですが、「〜できなかった」という意味での could not は永続的・一般的能力にも、その場限りの単発的行為にも使えます。

> **Q. 8**　must = have to と習った記憶がありますが、表現が違う以上やはり意味の上で違いがあるのでしょうか？また、must には「〜にちがいない」という断定の意味もありますが、have to にも同じ意味があるのでしょうか？

Ans.　これも will = be going to, can = be able to などと並んで、誤った等式の一つですね。もちろん、文によっては両者の違いにそれほど差異が生じない場合もありますが、やはり決定的に異なる（一方を使えば不自然になる）場面があります。

　まず、must の本質は「義務感」、have to のそれは「必要性」だと認識しておいてください。特にイギリス英語圏ではこの区別が意識されることが多いようです。では、

(1) a.　I'm sorry, but I *must* be leaving now.
　　b.　I'm sorry, but I *have to* be leaving now.
　　　（残念ですが、もうお暇しなければならないようです）

ではどうでしょうか。両者の間にそれほど決定的な違いはないように思われます。あえて違いを指摘すれば、a では、「もう帰らなければならないと思っている」という話し手の感情（義務感）が強く出ているのに対して、b では、「（何らかの事情があるので）帰る必要があります」と伝えています。もっとも、日常会話ではどちらも使われており、ネイティブ・スピーカーがどこまで両者のニュアンスを細かく使い分けているかは私にはわかりません。ただ、次の文では must は奇異に感じられる

でしょう。

(2) I cannot spend so much money drinking because I *must* pay the rent of 150,000 yen every month. → ×
（毎月家賃に15万円も払わなきゃいけないので、飲み代にそんなに使えないよ）

「1ヶ月に15万円の家賃を支払わなければならない」のは、どう考えても外的事情に基づく必要性であって、個人的な義務感ではありませんね。したがって、ここでは must を have to にしなければなりません。

　このような違いを知れば、must = have to という等式で済ましてはいけないことがわかっていただけたと思います（とは言っても、「必要性」があるから「義務」を感じる局面が多いことを考えると、「義務感」と「必要性」の厳密な分かれ目は難しいですが）。

　両者の違いは、否定文を考えればもっとよく理解できます。must not が「〜してはいけない」という禁止を表すことはご存知でしょう。これは「〜しない（not V〜）義務がある」と言っているのです。つまり、must not となった瞬間に意味がまったく変わってしまったのではなく（そんなことはあり得ませんね）、あくまで must は「義務」を表しているのです。一方、have to の否定形である don't have to は、「〜する必要はない」という不必要を意味します。

　最後に、「〜にちがいない」という断定の must についてですが（文法書によっては「肯定的推断」という難しい言葉で説明していますが）、要するにこれも判断の局面における「義務感」の一種です。つまり、**「そう断定しなければならない」→「そうにちがいない」という意味上の連続性**があるのです。そうすると、「必要性」を本質とする have to にはそうした意味はないはずです。ところが、現在ではアメリカだけでなく、イギリスでも have to を「〜にちがいない」という意味で用いて

います（このときは後ろに be 動詞が続きますが）。異なった表現にも拘わらず、意味上の類似性から共通のイメージ的広がりを持つようになった例だと言えます。

> **Q.9** should は「〜すべき」と訳しますが、must に比べて柔らかい表現だと教わりました。日本語だと何だか強く感じるのですが、本当に柔らかい表現なのですか？

Ans. コミュニケーションは言葉だけでなく、人間関係、話し方、口調、表情などによっても影響を受けますが（親しい間柄での You *must* come to our party. が、「是非パーティーに来てね」という暖かい招待を表すように）、should (ought to) と must だけを取り出して比較した場合、should (ought to) のほうが must よりも柔らかい（義務性が弱い）のは確かです。should は shall の仮定法であり、人間関係の心理において一歩退いた形になっていることからも、そのことはわかると思います。したがって、**should はむしろ「〜したらどうか」「当然〜すべきですよね」といった提案、助言に近いと考えてください。**

(1) The professor suggested that we *should* leave for New York at once.
（教授はニューヨークへすぐに行ったらどうかと言った）

(2) She recommended that I *should* quit drinking.
（彼女は私に酒をやめるように勧めた）

と、suggest / recommend の目的語となっている従属節の中で should が使われるのに対して、must は使えないことも、両者の違いを伝えています。

この should と must の違いは、確信の度合いを表す場面にもそのまま反映されます。**判断を強制するような「〜にちがいない」の must が強**

い確信を表すのに対し、「〜のはずだ」の should (ought to) に含まれているのは、自分の判断に確信は持てないが、知っている限りの情報に基づけばたぶんそうだろうという意味合いです。したがって、

(3) Kazumasa *should* (*ought to*) be here by now, but he isn't.
（和正は今頃ここに着いているはずなのに、まだである）

とは言えても、

(4) Kazumasa *must* be here by now, but he isn't.
（和正は今頃間違いなくここに着いているが、まだである）

という文は不適格です。

Q. 10 should は shall の過去形と考えていいのですか？また、It is important that he should tell us the truth when he gets here. という文で用いられている should と、It is surprising that she should be here now. という文における should は同じ意味なのですか？

Ans. 確かに、should は時制の一致で用いられる shall の過去形ですが、分類としては一つの独立した助動詞と考えてください。

　さて、that 節中における should の違いに関してですが、It is important that he *should* tell〜の should は、「当然〜すべきでしょう」と提案・助言・主張等を表すときに用いられるお馴染みの should です。それに対して、It is surprising that she *should* be here now. の should は不思議・意外等の気持ちを表す「感情の should (emotional should)」と呼ばれているもので、「彼女が今ここにいるとは意外だ」といった意味になります。

　この両者の違いは、that 節中の表現形式にも反映されています。前者の場合は、that 節中の内容は事実を述べているのではなく、話し手がそうなるべきだと思っていること（仮想世界）を述べているので、特にアメリカ英語では should を省略した形である It is important that he *tell* us〜という仮定法現在が用いられることもあります。一方、後者の「感情の should」の場合は、that 節中の内容は現実世界のことを述べているので仮定法になることはありません。つまり、It is surprising that she *should* be here now. とするか、It is surprising that she *is* here now. と直説法で表します。

> **Q. 11** Shall I～? / Shall we～? 以外に shall を使うことってあるのですか？ネイティブと話しをする機会があっても、shall をどんなときに使ったらいいのかわかりません。すべて will で済ますことができると思うのですが……今でも使われている shall があれば教えてください。

Ans. 　確かに、shall と will の間には以前守られていた区別は失われつつあります。更に言えば、**shall は特定の使い方を除けば、「消えゆく助動詞」**です。その原因は、英語国民自身［will］とも［shall］とも発音しないで、I'll, we'll, he'll と言うことが非常に多く、will なのか shall なのか本人自身よくわからなくなってしまい、改めてその疑問を考えたとき、彼らの中で will が shall を抑えてしまったことにあります（増田貢著『英語学入門』篠崎書林　1993年）。

　もっとも、イギリスでは現在でも1人称のいわゆる「単純未来」では shall が用いられていますが、インターネットの普及、ビジネスにおけるグローバル化、映画・出版物の同時的普及等も手伝って、イギリスでも will が勝ちを制するだろうという見方もあります。

　では、現在でも残っている shall の用法を簡単に見ておきましょう。**shall は本来「義務」の意味で用いられていました。**聖書の中の Thou *shalt*（shall の古体）love the neighbour by thyself.（汝自身を愛するように、汝の隣人を愛せ）/ Thou *shalt not* steal.（汝盗むなかれ）といったのがその例です。**この名残は法律・規則・契約などの文において今でも見受けられます。**

(1) No fine *shall* exceed five million yen.
　　（罰金は5百万円を越えないものとする）

(2) Article 7: The president *shall* preside at all meetings.
　　（第7条　議長は全会議を主宰するものとする）

しかし、これらの例は普段あまり登場しません。**日常最もよく使われる shall は、何と言っても Shall I～? / Shall we～? です。**

(3) *Shall* I go and meet them at the airport ?
（彼らを空港で出迎えましょうか？）
(4) *Shall* we go for a drive tonight ?
（今夜ドライブに行きましょうか？）

これら shall を用いた疑問文では、相手の望むところが何かを尋ねることによって、相手の意志から自らの義務へと意味を移行させています。つまり、本来の shall の意味から派生した表現だとわかりますね。
　現代英語における shall の用法で他に覚えておけばいいのは次の２つです。

(5) I *shall* be home around the Christmas.
（クリスマスには絶対帰るから）

義務感にも似た強い意志が感じられますね。つまり、**will よりも強い意志を表します。**

(6) You *shall* be sorry for that.
（必ず後悔するからな）

はどうでしょうか。文法書には「予言・運命」の shall などと書かれていますが、これも **will より強い確信を表します。**

2 助動詞の豊かで深い世界

Shall we go for a drive tonight?

練習問題

問(1)〜(20)の（　）に入れるのに適切なものを、①〜④の中から選び、番号で答えよ。

(1) "Do you have anything to do this afternoon?"
"Well, nothing in particular. (　) some reading for the lecture tomorrow."

　① I'll do　② I'm about to do　③ I'm going to do　④ I shall do

(2) There (　) be a big pond near here where my father (　) took me for fishing as a child.

　① was used to, would　　② would, would often
　③ would often, used to　　④ used to, would often

(3) I'm afraid you (　) wait here, because no parking is allowed in this area.

　① might not　② cannot　③ will　④ may

(4) You (　) him in Kobe, for he was giving a lecture in Sendai at the time.

　① mightn't have seen　　② wouldn't have seen
　③ must have seen　　　　④ couldn't have seen

(5) Don't tell him off for breaking the window. Boys (　) be boys.

　① will　② must　③ shall　④ may

(6) How surprising that he (　　) on time !

① should have come　② have come
③ would have come　④ could have come

(7) Keep an eye on Jack while he is out. He (　　) anything.

① is doing　② is able to do　③ might do　④ will be doing

(8) I'm sure we can't call him and make it happen; He (　　) there.

① may have left　② might have left　③ could have left
④ will have left

(9) We (　　) you while you were in Hokkaido. Where on earth were you then ?

① would like to see　② would have seen
③ would have liked to see　④ would have liked to have seen

(10) "Do you have any idea where Takeshi is ?"
"No idea. He (　　) be on the roof again."

① can　② may　③ will　④ may as well

(11) They (　　) astonished to hear you've passed the exam.

① may as well be　② might as well be　③ might well be
④ might have been

(12) "You're going to come to your boss's party tonight, aren't you?"
"To be honest, I haven't decided yet. Well, I (   )."

① might as well   ② may well   ③ might well   ④ had better

(13) "(   ) go out today?"
"Of course not. Look at the weather outside!"

① Hadn't we better   ② Had we no better
③ Had it better for us to   ④ Hadn't it better for us to

(14) Did you really spend the money on the plan? How silly! You (   ) so.

① did not need to do   ② need not to have done
③ need not do   ④ need not have done

(15) How (   ) you? Take your hands off me at once!

① dare to   ② dare   ③ didn't dare   ④ daren't

(16) Students (   ) remain seated until the principal makes his entry.

① will not   ② used to   ③ were able to   ④ shall

(17) You (   ) me that before you were leaving here.

① would have told   ② will have told   ③ might have told
④ must have told

(18) I did feel the tremor just now. There (　) be a tidal wave in a few minutes !

① was about to　　② will　　③ is going to　　④ will be able to

(19) Under the present system, the staff (　) be at the office until ten in the morning.

① will not need　　② has to　　③ need　　④ don't have to

(20) Who can believe that story ? (　) be kidding !

① You cannot　　② You wouldn't　　③ You shouldn't
④ You've got to

解答　解説

(1) ①「今日の午後何か予定ある？」
　「そうだなあ、特に何もないけど。明日の講義に備えて本を読んでおこう」

● 前文で nothing in particular（特に何もない）と言っているので、「本を読むつもり」というのは発話時の意志ですね。したがって、①の will が正解となります。確かに、④の shall でも強い意志を表すことはできますが、何も予定がないと言った後で、突然本を読む強い意志が湧いてきたというのも不自然です。

(2) ④「父がよく釣りに連れて行ってくれた池が以前この近くにあった」

● would も used to も、「以前はよく、または恒常的に起きていたが、今はもはや起きない事柄」を述べるときに使われる助動詞です。しかし、両者には次のような違いがあります。
　used to は「以前は行っていたが、今は行っていない<u>行為</u>」および「以前は存在していたが、今は存在していない<u>状態</u>」の両方に用いることができますが、would は「以前は行っていたが、今は行っていない<u>行為</u>」についてのみ使われます。したがって、There *used to* be the red bridge at that point across the river as I was a child.（子供の頃川のあの地点に赤い橋が架かっていた）の used to を would と入れ替えることはできません。また、例えば、drink は行為動詞ですが、「彼は昔は酒を飲んでいた」という「習慣」＝「状態」を述べたいときは、He *used to* drink. となります。
　このように、行為と状態の両方を表すことができる used to を使えば文法的な間違いは少なくなるでしょうが、would には used to にない感情的色彩が含まれています。それは、「懐かしむ」という気持ちです。「あいつとは昔よく酒を飲み、語り合ったものだ」というノスタルジックな感情を表現したいときは、I *would* often drink and talk with him. と言うべきです。used to だとその感情の襞は伝わりにくいでしょう。

(3) ②「ここで待つことはできませんよ。この地域は駐車禁止ですから」

2 助動詞の豊かで深い世界

- 後半の部分で「駐車禁止」と言っているので、「不許可」を表す cannot が正解となります。can には「許可」の意味があることは既に説明しましたね。

(4) ④「神戸で彼を見かけたはずないよ。と言うのも、そのとき彼は仙台で講義してたんだから」

- 文意から判断すると、「見かけたにちがいない」の must have seen は不適切ですね。ここは「～したはずがない」の cannot / could not have p.p. を選ばなければなりません。

(5) ①「窓を割ったことであの子をきつく叱るなよ。男の子とはそんなものだ」

- 「予測」の will から派生した「習性」を表す will です（Q. 4 参照）。

(6) ①「彼が時間どおりに来たなんて、本当に意外だ」

- 「感情の should」ですね。He insisited that his ex-wife (should) pay for the debt.（彼は別れた妻がその借金を返済すべきだと言い張った）とは違い、that 節中は反事実を述べているわけではないので仮定法現在（②）にはできません。should have come とするか、should を省略して has come / came と直説法にするかのいずれかです。

  なお、本問では、How surprising it is that～の it is の部分が省略されていますが、感嘆文ではしばしば起きる現象です。

(7) ③「ジャックが外にいるときは奴から目を離すなよ。何をしでかすかわからないからな」

- ジャックはよほどの危険人物なんでしょうね。文意から判断すれば、「どんなことであれ（anything）しでかす可能性が実際ある」と言いたいのでしょうから、現実的（実際上の）可能性を表す may もしくは might が適切です。

(8) ④「彼に電話してそうさせるのはきっと無理だよ。もうそこにいないだろうから」

● will have p.p. という形を知らない日本人は多いようですが、これは「予測」の対象が過去に向けられただけの話です。つまり、will V が現在または未来の状況に対する確信や自信を意味するのに対し、will have p.p. は過去の状況に対する確信や自信を表します。本問では、前文で I'm sure となっているので、may / might have p.p.（～だったかもしれない）では不自然です。

(9) ③「北海道にいる間に会いたかったよ。いったいどこにいたんだよ？」

● would like to で「～したい」という願望を表すのはよく知られていますが、would have liked to で「～したかったのに（できなかった）」という実現しなかった願望を表します。でも、これはそんなに難しく考えなくてもわかりますね。ほら、would have liked という形から何か思い当たりませんか？そうです、過去の反事実を表す仮定法過去完了です。「したかったけど（実際はできなかった）」という反事実を読み取ってください。

(10) ②「武どこにいるか知ってる？」
「知らない。また屋根に上っているかもしれないよ」

●「今屋根の上にいるかもしれない」という文意からいって、実際上の可能性を表す may が適切です。

(11) ③「君が合格したと聞けば、彼らたぶん驚くよ」

● ここで may / might well と may / might as well に関する知識を整理しておきましょう。どうやら多くの人に誤解があるようですから。

　まず、may / might well は「たぶん～だろう」（≒ probably）という「予測」を表します。そのことは、「十分（well）可能性がある（may / might）」という形からもわかりますね。一方、may / might as well は「予測」（真実性に対する確信度）とは無関係です。この表現が含意しているのは、「（しないよりは）～するほうがましかな」といった消極的選択です。例えば、夜友人を外食に誘ったとき、彼（彼女）が、I *may / might as well* eat out. と答えれば、「（別に他にこれといってすることもないし、見たいテレビもないし、家にいるよりは）外食でもするほうがいいか」と言っているのです。

そうすると、may / might as well = had better という等式はとんでもない間違いだとわかりますね。had better は、学校では「〜したほうがいい」と教えますが、これは「(別にしなくてもいいけど) 〜したほうがいいんじゃない」といった呑気なアドバイスではありません。もっと切迫感がある、状況や人間関係によっては高圧的で脅迫にもなり得る表現です。これを知らない日本の商社マンや技術者がアメリカで You had better〜とやって、睨まれることがあるそうです。言われた者の心理としては、「何を偉そうに」とか「威張りやがって」と感じるからでしょう。なお、口語では、You (*had*) *better* come up with a plan. (計画を出すほうがいいぞ) のように、had が脱落して better だけで使われることが非常に多くなっています。

さて、本問では「たぶん驚くよ」と言っているので、might well が正解となります。学校では may / might well を「〜するのも当然だ」と教えていますが、それは、「彼はたぶん怒るだろうな」→「彼が怒るのも当然だろうな」ということであって、may / might well の本質はあくまで「予測」です。事実、ネイティブ・スピーカーも「たぶん〜だろう」というニュアンスで使用しています。

(12) ①「今夜上司のパーティーに行くんだろ？」
　　　「正直言って、まだ決めてないんだ。そうだなあ、行ってもいいか」

● 先ほど説明した may / might as well ですね。「(別に行きたいわけじゃないけど、他にこれといってすることもないし) それじゃあ行くことにするか」といった含みを感じ取ってください。また、had better が本問の文意に適さないこともうおわかりですね。

(13) ①「今日は外出しないほうがいいんじゃない？」
　　　「もちろんだよ。外の天気を見てみろよ！」

● あまり知られていない had better の否定疑問文です。一般に助動詞を用いた否定平叙文では、not は助動詞の直後に置かれます (will not, cannot, may not, should not, etc.)。had better も例外ではなく、had better not となります (had not better という用例も少数ながらありますが)。しかし、否定疑問文では Hadn't S better が一般的に用いられています。

(14) ④「君は本当にその金を例の計画に使ったのか？バカだな！そんなことする必要なかったのに」

- need not have p.p. で「〜する必要はなかったのに（してしまった）」という意味になります。「する必要はなかった」のに「してしまった」という関係からこれも仮定法だとわかりますね。このように、助動詞を学ぶときに切っても切れない関係にあるのが反事実を表す仮定法です。He *should not have made* such a remark.（彼はそんな発言をすべきじゃなかったのに→実際はした）、You *could have told* me the truth.（私に真実を言えただろ→実際は言わなかった）、You *might have let* us know you were getting married.（結婚すると知らせてくれてもよかったのに→実際は知らせてくれなかった）などの文に慣れていけば、仮定法に込められた気持ちがだんだんとわかってきます。

　なお、need には一般動詞（normal verb）としての用法もあり、後続する動詞は to 不定詞になります（You *didn't need to* spend the money on the plan.）。但し、「〜する必要はなかった→だからしなかった」という含意が強くなり、本問では文意に沿わなくなります。

(15) ②「よくもそんなことができるわね？私からすぐに手を離しなさい」

- dare は「大胆にも〜する」という意味ですが、How dare you V で「よくも〜できるもんだな」という相手への呆れ・憤りなどを表します。本問は、*How dare* you (do this)? のことです。他によく見かける例文では、*How dare* you speak that way？Who do you think you are？（よくもそんな口が聞けるもんだな？何様だと思ってるんだ？）があります。

　なお、この dare には need と同じく一般動詞の用法もあり（dare to V）、更には一般動詞との混合形態（Does she dare V、She doesn't dare V）もあります。実際には一般動詞として使用されるほうが多いですが（Does she dare to V、She doesn't dare to V）、本問のように How と共に用いられて呆れや憤りを表すときは助動詞として用いられます。

　なお、イギリス英語で、I dare say / I daresay とすれば、I think probably〜の意味です。

(16) ④「校長先生が入場するまで生徒は着席のこと」

- 「義務」の名残が感じられる法律・規則・契約などで用いられる shall ですね。

(17) ③「ここを発つ前に私にそのことを言ってくれてもよかったのに」

- 仮定法の基本は、「もし〜だったら……だろう」という事実に反する世界を想定することですが、仮定法が持つ豊かな世界を理解するには更に一歩踏み込んで、話し手の感情に触れてください。本問は、「ここを発つ前に、もし私にそのことを言おうと思えば言えたかもしれませんね（might have told）→なぜ言ってくれなかったんですか、言ってくれてもよかったのに」という残念な思いや不満を表しています。話し手の感情に触れようとしなければ、助動詞や仮定法が持つ豊かな世界が永遠に見えてきません。

(18) ③「今揺れを感じたよ。数分で津波が来るぞ！」

- 数分で津波が来るという予測の根拠が、今感じたばかりの揺れなのですから、「予測されることの原因が現在存在している」場合と言えますね（Q. 3 参照）。

(19) ④「現在のシステムでは、社員は午前10時まで出社する必要はない」

- 「不必要」を表す don't have to が正解になることは、それこそ説明の必要はないでしょう。なお、staff は集合的に扱われ、staff members の意味で用いられるときは複数です。

(20) ④「誰がそんな話を信じるんだ？冗談はよしてくれ！」

- You must / have to / have got to be kidding ! や No kidding ! の形で使われます。

3

準動詞って何？

> **Q.1** 不定詞、動名詞、分詞は準動詞と呼ばれていますが、普通の動詞とどこが違うのですか？

Ans. 普通の動詞とは、たぶん文の述語になる動詞を指して言っているのだと思いますが、少し専門的な言い方をすれば、動詞の形式の分類として、「定形」(finites) と「非定形」(non-finites) という区別があります。定形とは述語動詞として使われる場合の形式であり、非定形とは準動詞として用いられる形式です。

では、両者の本質的違いはどこにあるのでしょうか？まず、定形は、

① 文法上の主語を持ち、単独で述語動詞として用いることができる、
② 人称（3人称単数）、時制（現在形・過去形）、法（直説法・仮定法・命令法）、態（能動態・受動態）、相（進行形・非進行形）などの文法的枠組と結びついている、

といった点を特徴としています。一方、非定形（不定詞・動名詞・分詞）は、

① 文法上の主語を持たず、単独では述語動詞として用いることができない、
② 態、相とは結びついているが、人称、時制、法とは無関係である、
③ ほとんどの場合、名詞・形容詞・副詞など他の品詞の働きをする（不定詞、動名詞、分詞によってその働きに違いはありますが）、

という特徴が挙げられます。

　もちろん、非定形（準動詞）も本来は動詞なので、定形との共通点があります。それは、

(1)　He *killed his wife intentionally.*
　　（彼は妻を意図的に殺害した）
(2)　He denied *having killed his wife intentionally.*
　　（彼は妻を意図的に殺害したことを否定した）

のように、目的語、補語、修飾語句等を伴って動詞句を形成できる点です。そして、非定形（準動詞）の動詞句はいずれも共通した形を持っています。すなわち、

（意味上の主語）＋（not / never などの否定詞）＋準動詞＋（目的語・補語）＋（副詞句）

という形を取ることです。（　）内は随意的要素で、文中に表記されることもあり、されないこともあります。これらの随意的要素が現れると、非定形（準動詞）が形成する句は主語・述語を持つ節に相当する働きをします（木下浩利著『英語の動詞　形とこころ』九州大学出版会　1991年）。

Q. 2　英語の時間に She came up to the door to say good-bye. の to say の部分は and said と訳しても構わないと習いました。どうして「さよならを言うために」という目的が「そして言った」となるのですか？

Ans.　不定詞の起源は、「行為」を表す目的で、動詞の語幹が文中で主語や目的語として用いられたことにあります。やがて Old English から Middle English の時代に入ると、主語の位置で使われる不定詞としては非屈折形不定詞（現在の原形不定詞）に代わり、屈折形不定詞（現在の to 不定詞）が主流となり、目的語として用いられる場合にも同じ現象が広がっていきました。但し、助動詞・使役動詞・感覚動詞は非屈折形を選択し、現在に至るまでそれは残っています（宇賀治政朋「不定詞の歴史的発達」『英語青年』〈特集：不定詞の歴史的変化と生成論的分析〉研究社　2001年10月号）。そして、名詞用法が起源であった不定詞が、やがて形容詞や副詞としても機能していくことになります。

　ところで、不定詞の主役となった to 不定詞ですが、この to は元々は「方向」を示す前置詞であり、したがって、to 不定詞には元来未来的要素が含まれていました。つまり、**不定詞が表す事柄が起きるのは、述語動詞よりも後になります**。願望・欲求・期待・決意・約束・同意・拒絶・許可などを表す動詞の目的語の位置では、「述語動詞よりも後で起きる」ことを意味する不定詞が選択されるのはそのためです。だとすれば、

(1)　She came up to the door *to say* good-bye.
　　（彼女は別れを告げるためドアまで来た）

と訳せる文も、実は、

(2)　She came up to the door *and said* good-bye.

3 準動詞って何？

と同じ事実を述べていることがわかりますね。

> **Q. 3** この前、英会話の学校で、アメリカ人の先生に「将来の夢は？」と聞かれたので、"My dream is becoming an actress." と答えたら、"My dream is to become an actress." と訂正されました。動名詞も不定詞と同じく「〜すること」という名詞の働きができるのに、どうして becoming an actress じゃいけないのですか？

Ans. 既に説明したように、to 不定詞の to は起源的には「方向」を示す前置詞であり、元来述語動詞に対して未来性を持っていました。一方、**動名詞はその形からわかるように、述語動詞の出来事時に行われている行為や生起している状態、または既に行われたか継続的に行われてきた行為や生起した状態を意味しています**。つまり、動名詞は述語動詞の時制に対して「同時もしくは過去」を示しています。例えば、

(1) He decided *to drive* at midnight.
　　（彼は深夜にドライブをすることに決めた）

であれば、to drive は decided よりも後で起きるのに対し、

(2) He enjoys *driving* at midnight.
　　（僕は深夜のドライブが好きだ）

では、過去に深夜のドライブを経験済みであること、または現在していることを述べています。

そうすると、becoming an actress を to become an actress と訂正された理由もわかっていただけましたね。「女優になること」は、起きるにしても述語動詞よりも未来においてだからです。

では、中学校で教わる My hobby is *to collect* stamps. はどうでしょう

65

か？自分の現在の趣味が、これから行う切手収集では不自然ですね。こ
こは、My hobby is *collecting* stamps と、「過去にしたことがあるか、現
在しているか」を示す動名詞にしなければなりません。

　もちろん、*To see* is *to believe.* / *Seeing* is *believing.* のように、どちら
を使っても意味に違いがないように思える表現もあります。ただ、この
場合も、前者が「もし見ればすぐにわかる」という一般性の低い個別的
状況を述べるときにも使われるのに対して、後者は「見ることは信じる
ことである」という一般論を述べています。「**既に行ったか、現在経験
中である**」という動名詞の継続性から、不定詞よりも動名詞のほうが一
般的事実を述べるのに適しているのです。

> Q. 4　You are foolish to speak that way. と It is foolish of you to speak that way. は同意文だと習いましたが、では、You are a fool to speak that way. を It is a fool of you to speak that way. と書き換えることは可能ですか？
>
> 　また、It was nice for him to behave like that. という文を見かけたことがあります。学校や予備校では It is の後に人の性質を述べる形容詞が置かれると to 不定詞の意味上の主語は of 人で表すと教わりましたが、そうすると for him は間違いだと思うのですが……

Ans.　*You are foolish to speak* that way と *It is foolish of you to speak* that way. は完全な同意文ではありません（表現形式が異なる以上当然です）。
そのことを前提に、最初の質問からお答えします。

　You are a fool to speak that way. は正しい表現ですが、It is a fool of
you to speak that way. は不適格です。理由は以下です。まず、

(1) a.　*You are foolish to speak* that way.
　　b.　*You are a fool to speak* that way.
　　　　（そんな口のきき方をするなんて君はバカだ）

では、**主語の内在的性質が叙述対象となっています。要するに、**「君はバカな人間だ」と言っているのです。一方、

　(2)　*It is foolish of you to speak* that way.

も同じように訳されますが、is foolish の主語が不定詞句であることからもわかるように、あくまで愚かなのは不定詞句が表す行為です。その**行為との関連で**「君はバカだな」と言っているにすぎません。そうすると、*It is a fool of you to speak* that way. が正しくない理由がわかりますね。a fool は人の内在的性質を表す名詞なので、行為との関連において人の性質を述べる文には不適切だからです。

　次に、*It was nice for him to behave* like that. についてですが、これは正しい英文です。確かに、学校や予備校では「It is + 人の性質を表す形容詞 + of 人 to V」と機械的に記憶させられますが、前述のように、この形式は to 不定詞句が表す行為との関連で人の性質を評価するときに用いられます。

　他方、for 人 to V という形式では、**評価対象が人の性質から行為自体へと移行します。**つまり、質問文であれば、「彼がそんなふうに振る舞ったのはいいことだった」という意味になります。

Q. 5 学校で It is not good that he blames his wife for the accident. を It is not good for him to blame his wife for the accident. と書き換えさせられた記憶がありますが、まったくの同意文なのですか？

Ans. 何度も繰り返してきたように、構造が違うのに100％意味が同じ文は存在しません。ご質問の文も、訳出すると両者とも、「彼がその事故で奥さんを責めるのはよくない」となりますが、**前者は that 節中で blames と現在形が使われている（正式には直説法現在と言います）**ことからもわかるように、話し手は現実世界のことを述べています。つまり、彼は実際に妻を責めているのです。

それに対して、**to 不定詞が用いられた場合には、仮定を述べる内容**となります。例えば、

(1) It is wrong for you *to think* as he does.
　　（君が彼のような考えを持つなら間違っている）
　　　　　　　　仮定

(2) It is illegal *to own* drugs in Japan..
　　（日本で麻薬を所持すれば違法である）
　　　　　　仮定

といったようにです。これは、

(3) It is wrong *that you think* as he does.
　　（君が彼のような考えを持っているのは間違っている）
　　　　　　　　現実

(4) It is illegal *that you own* drugs.
　　（日本で麻薬を所持しているのは違法だ）
　　　　　　現実

とは明らかに異なります。

このことは、仮想世界を述べる仮定法において、

(5) a. It would not be good for him *to blame* his wife for the accident. →◯
b. It would not be good *that he blamed* his wife for the accident. →×

となる事実にも現れています。

> **Q. 6** be going to、現在進行形、未来進行形、be to V で「予定」を表すことができますが、それぞれ違いがあるのですか？

Ans. もちろん、違いはあります。be going to、現在進行形、未来進行形については時制や助動詞のところで触れましたが、もう一度整理しておきましょう。

まず、**be going to** は発話時に既に決めてあった意志です（だから予定になるのです）。したがって、

(1) I'*m going to* visit my old friend tomorrow.

であれば、「明日旧友を訪ねる意志を既に決めている」と伝えているのです。但し、これは話し手の意志のみを表しているにすぎません。

(2) I'*m visiting* my old friend tomorrow.

としても、「明日旧友を訪ねることになっている」となりますが、この場合、旧友と既に連絡を取っていたり、訪ねるための何らかの手はずを整えたことを意味しています。言い換えれば、スケジュールに書き込め

る程度にまで予定が固まっているときに使われます。「現在進行形で近い未来（近接未来）を表す」という記述をよく文法書で見かけますが、人間にとって近い未来とはいつから発生するのでしょうか？超多忙なビジネスマン、悠々自適な隠居生活を送られているご老人、死期を意識した病人の間にも、「近い未来」という共通の時間的尺度が存在するのでしょうか？「近い未来」と言おうが、「近接未来」と言い換えようが、これらの言葉では何の実体もわかりません。**現在進行形を予定の意味で用いるときは、既に決めてあった意志が、具体的に何らかの準備へと進み、スケジュールの一部として記載してもいいほどになっているとき**です。そうした場合には、その予定が何時間後でも、何日後でも現在進行形を用いることに変わりありません。

　次に、未来進行形が表す予定を見てみましょう。飛行機や新幹線で"We'*ll* soon *be flying* over Lake Biwa〜"（間もなく琵琶湖上空を通過致しまして〜）、"We *will be making* a brief stop at Shin-Kobe〜"（新神戸に停車致します〜）といった機内・車内放送を耳にした方も多いと思います。つまり、**未来進行形を予定の意味で用いるのは、既に決定された事柄を伝えるときであって、話し手の意志を伝えるときではありません。**

　では、be to V が表す予定はどうでしょうか。実は、**これは多くの場合第三者や外部の者によって取り決められた予定**です。したがって、**公式予定などではこの表現が用いられます**。英字新聞で目にする"U.S.President *to vsist* Tokyo next month"（アメリカ大統領来月訪日）は、is going to visit の is going が省略されたのではなく、is to visit の is が省略された形です。大統領のような公人の予定は、本人が単独で決めることはできず、関係者や周囲との調整に基づいて取り決められるものだからです。

　be to V が第三者によって決められた予定を表す理由は、「to V するように運命づけられている」というこの表現の本質的意味に見出されます。運命づけられているというのは、そこに当事者以外の意志が介在してくるからです。

3 準動詞って何？

　なお、多くの場合 be to V は「義務」を表しますが、これも第三者によって義務が課せられていることを意味しています。

> **Q. 7** 分詞には現在分詞と過去分詞の２つがあり、現在分詞は「〜している」、過去分詞は「〜された」と訳すように教わりました。この訳し方だと現在分詞は現在のこと、過去分詞は過去のことを表しているように思えるのですが、そう考えていいですか？

Ans. 　まず、分詞について簡単に整理しておきましょう。分詞には現在分詞と過去分詞の２種類があり、次のような働きがあります。

① 現在分詞は be と共に進行形を作る。一方、過去分詞は be と結びついて受動態を、have と結合して完了形を形成する。
② 現在分詞も過去分詞も形容詞（句）として機能し、名詞を直接修飾したり、主格補語・目的格補語として用いられる。
③ 現在分詞は分詞構文として機能し、文全体を修飾する副詞句を形成することができる。

　さて、分詞が形容詞（句）として働くときは、現在分詞は「〜している」、過去分詞は「〜された」と訳せるのは事実です。但し、現在分詞が現在を、過去分詞が過去を必ずしも表しているわけではないという点は押さえておきましょう。なぜなら、Q. 1で説明したように、準動詞はそれ独自では時制と無縁の存在だからです。むしろ、**現在分詞と過去分詞の選択を正しく行うための基準は、他動詞の場合、その作用の方向性に求めるべきです**。つまり、「**作用を及ぼすときには現在分詞を、作用を受けるときには過去分詞を**」という判別基準をしっかり把握しておいてください。この基準は名詞を直接修飾する場合であっても、補語として用いられる場合であっても同じです。例えば、

(1) a.　That was a very *moving* story.
　　　（それはとても感動的な話だった）
　　b.　The game last night was *amazing*!
　　　（昨夜の試合には驚いた）

では story が人に感動という、game が人に驚きという作用を及ぼし、

(2) a.　The *moved* spectators shed tears.
　　　（感動した観客は涙を流した）
　　b.　He was *amazed* at the scene.
　　　（彼はその光景に驚いた）

では spectators が感動という、He が驚きという作用を受けたことを意味しています。したがって、「私は興奮している」は、日本語の「している」に惑わされて I'm *exciting*. とするのではなく、I'm *excited*.（私は興奮という作用を受けている）としなければなりません。I'm *exciting*.（私は人に興奮という作用を及ぼす）だと、「俺とつき合ったら楽しいよ」「私素晴らしい人間よ」といった鼻持ちならぬ意味になってしまうので注意してください。

3 準動詞って何？

> **Q. 8** 「何年も会ったことがなかったのに、すぐにルーシーだとわかった」という日本語を、I recognized Lucy at once, having never seen her for many years. と分詞構文を使って英訳したら、学校の先生は正解をくれたのに、英会話学校のアメリカ人の先生から、I recognized Lucy at once, though I had never seen her for many years. と訂正されました。分詞構文には「譲歩」の意味もあるので、最初の英文でも正しいと思うのですが……

Ans. 分詞構文には「時」「理由」「条件」「譲歩」「付帯状況」の意味があり、主節との関係でどの意味かが決まるとお題目のように教わりますが、これには大きな誤解があります。結論から言えば、**分詞構文は、基本的には主節に対する付帯状況として添えられるものです。「譲歩」や「条件」はある種の慣用化された表現でしか用いられません**。理由は以下です。

まず、分詞構文の由来は、もともと名詞を修飾する形容詞句であったものが、名詞から遊離して文全体を修飾する副詞句に変わったものです。**つまり、主節の名詞の状況を説明するものであった以上、たとえそれが文頭や文末に遊離しても、基本的には付帯状況を表しています。**

次に、分詞構文と言われてはいますが、非定形（準動詞）ゆえに独自の時制を持たず、その主語も主節の主語と同じときには欠落します。要するに、文を構成する極めて重要な要素である主語と時制を欠いた形式なので、主節の内容から予測される範囲の叙述しか許されていないわけです。ご質問の文を例に挙げると、I recognized Lucy at once（すぐにルーシーだとわかった）という主節からは、「以前に会ったことがあるので」が予測範囲の内容です。「何年も会ったことがなかったのに」では主節からの予測可能性を越えた内容となり、分詞構文では担いきれません。したがって、though I had never seen her for many years とするのが正しい選択です。

なお、「時」「理由」も広い意味では「付帯状況」と考えてください。

「〜のときに（状況下で）」「〜（の状況）だったので」と考えればわかりますね。但し、「時」であることを明示したければ、

(1) *While walking* on the street, I ran across George for the first time in ten years.
（街を歩いていたら、10年ぶりでジョージにばったり出くわした）

(2) *When leaving* this room, you are supposed to turn off the light.
（この部屋を出るときは消灯してください）

のように分詞構文の前に when や while などの接続詞を残してください。これは、ネイティブ・スピーカーの間でも一般的に行われていることです。

> **Q.9** この前、英語の短編小説を読んでいたら、"Looking up at the starlike top, the light suddenly went out of〜" という文を見かけました。Looking 以下は分詞構文と考えられるので、そうするとこの文は分詞構文の意味上の主語と主節の主語が一致しておらず、"Looking up at the starlike top, James（この物語の主人公）saw the light suddenly go〜" とすべきじゃないですか？

Ans. ご指摘のとおり、分詞構文に主語が欠けているときは、通例主節の主語と一致します。しかし、分詞構文には「懸垂分詞」（dangling particle）といって、意味上の主語が主節の主語と異なるのに、主語を顕現させない形式があります。この懸垂分詞は、主語と時制を持たない分詞構文の原則（主節の主語と時制に一致する）に反しているため、主節の中に分詞構文の意味上の主語を推定させるものがまったくない場合には認められないとされています。この点に関し次のような指摘がなされています。

〈懸垂分詞＋主節〉構文が現れる談話コンテクストには常に意識の主体が遍在しており、意識の主体の視点（目）から見たほぼ同時的に存在する２つの事態を表していることになる。つまり、〈懸垂分詞＋主節〉構文は、意識の主体である登場人物が「今」まさに体験している事態を登場人物自身が語っているもの、いわゆる登場人物が事態を体験すると同時に語るという内的独白を反映していると言える（山岡實「〈懸垂分詞＋主節〉構文と内的独白」『英語青年』研究社　2001年12月号）。

この指摘に従いますと、ご質問の Looking up at the starlike top の文では、語り手（著者）は登場人物 James の視点に移行することによって、James を「星のように輝いている頂上」を見上げている意識の主体にさせているのです。つまり、「今」まさにある事態を体験しているという登場人物の意識を描こうとするとき、懸垂分詞が使われるコンテクストが生まれてくると言えます。

練習問題

問(1)～(20)の（ ）に入れるのに適切なものを、①～④の中から選び、番号で答えよ。

(1) "Did you attend the meeting yesterday ?"
"Well, I ( )."
"What happened ?"

① was going to attend it　② was to have attended it
③ intend to have attended it　④ intended to attend it

(2) The agenda ( ) at the next meeting is yet to be decided.

① being talked about　② talking about
③ to be talked about　④ being talked

(3) She was ( ) out of the victim's house by a few neighbors.

① watched to come　② seen to come
③ watched coming　④ seen come

(4) I'll tell my son the truth when he ( ).

① asks me to　② is going to ask me　③ is to ask me　④ will ask

(5) He is ( ) talk back to his boss.

① not so stupid　② so stupid as not to
③ not wise enough to　④ wise enough not to

(6) All she needed was (　) him once again.

① to touch　② touch　③ being touched　④ having touched

(7) I had to speak slowly (　) follow me.

① for her as to　② in order for her to　③ so as for her to
④ of her to

(8) I read an article in the newspaper today that the Prime Minister of Japan (　) the U.S. President next week.

① is to have a talk with　　② will have a talk with
③ is going to have a talk with　④ was about to have a talk with

(9) It is regrettable that they (　) the fact that they were mistaken.

① begin to ignore　　② are beginning to ignore
③ begin ignoring　　④ are beginning ignoring

(10) This river is dangerous to (　) in the rainy season.

① dive　② try to dive on　③ dive in　④ try diving on

(11) She got her neighbors (　) her house after the typhoon was over..

① repair　② repaired　③ repairing　④ to repair

(12) (　　), she broke into a big smile.

　① On seeing he had been joking　② On looking at his jokes
　③ With seeing he had been joking　④ With looking at his jokes

(13) My father's anger has nothing to do with (　　) in time.

　① the messages having never been reached
　② the messages' not having come
　③ the message's never having come
　④ the message having never come

(14) I strongly required him to stop (　　).

　① the book to be published　② for the book to be published
　③ the book being published　④ the book's being published

(15) This poison, (　　) in a proper quantity, will prove to be effective as a medicine.

　① using　② having been used　③ being used　④ when used

(16) He wanted to have his daughter (　　) after the Japanese fashion.

　① teach　② to teach　③ taught　④ being taught

(17) If film stars put their numbers in telephone books, they would (　　) them.

　① have everyone to ring　② have everyone ringing
　③ get everyone to ring　④ get everyone ring

(18) Do you suppose you could refrain from speaking that way?
It's really (   )!

① disgusted   ② disgusting   ③ pleased   ④ pleasing

(19) The party (   ), they left by twos or threes.

① was finished   ② had been finished   ③ over
④ being through

(20) I have to decline your invitation, my stand (   ) what it is.

① having   ② having gone   ③ being   ④ having done

解答 解説

(1) ②「昨日会議に出たの？」
「まあ、出る予定だったんだけどね」
「どうしたの？」

- was / were to have p.p. で実現されなかった予定を表します。なお、学校文法では「欲求・願望・意図・予定等を表す動詞の過去形 + to have p.p.」で実現されなかったことを表すと教わりますが、現代英語ではほとんど使用されていません。なお、"I *had intended to attend* it, but I didn't / couldn't." とするなら正解です。

(2) ③「今度の会議で討議されるべき議題はまだ決まっていない」

- 名詞用法を起源とする to 不定詞が、形容詞や副詞の働きをするようになったことは既に述べました。しかし、用法が広がっても、to 不定詞が持つ「未来」という本質には変わりありません。本問では直前の名詞 agenda を修飾する表現が問われていますが、at the next meeting からわかるように、未来を表す to 不定詞を選ばなければなりません。
  なお、be yet to V で「まだ〜していない」という意味になります。この表現は、話し手が依然として行われることを期待しているときに使われます。

(3) ②「彼女は数名の隣人に被害者の家から出てくるところを目撃された」

- 「見る」「聞く」「感じる」などの感覚動詞が、「目的語 + 原形不定詞 / 分詞」という形式で使用されることはご存知でしょう。そして、この形が受動態になると原形不定詞が to 不定詞に変わることも学校で教わりますね。但し、本問は単にそれだけの知識では正解できません。同じ感覚動詞でありながら、see と watch の本質的差異が求められているからです。
  see は「知覚に作用し、認識まで到達する」ときに用いられます。つまり、「知覚→認識」というプロセスを辿るときは、偶然に見えた場合にも、意図的に見た場合にも使用できます（学校では、偶然に見えるときは see を、意図的

に見るときは look at を使うと教えますが、正確な情報ではありません。look at は意図的に「目を向ける」という行為であり、知覚・認識プロセスとは無関係です)。一方、「見守る、注視する」という意味の watch は、意図的に見る場合にしか使えません。

そして、感覚動詞は受動態で用いられると、「偶然〜された」という意味しか持たないことに注意してください。だとすれば、「意図的に見る」という意味しかない watch は受動態では使えません。

(4) ①「息子が真実を求めたら話すつもりだ」

● 代不定詞の知識を問う問題です。when he asks me to (tell the truth) の ( ) の部分が省略された形です。読み手に to 不定詞句を認識させる指標として to を残します。これを代不定詞と呼ぶことは学校で習いましたね。

(5) ④「彼は上司に口答えするようなバカじゃない」

● enough to V は形容詞・副詞を修飾して「程度」を表しますが、その位置は形容詞・副詞の後に来ます (但し、比較級のときは前置されます → She has become *enough wiser to* act like that.)。本問では enough to V における否定詞 not の位置が問われています。

なお、〜enough to V は「V するに足るだけの〜」という意味であり、決して抽象的・一般的に「十分」と考えてはいけません。このことは、同じく「程度」を表す副詞用法である so〜as to V や too〜to V にも言えることです。あくまで to V は程度を表しているのです。

(6) ①「彼女が求めていたのは、もう一度彼に触れることだった」

● All you have to do is (to) *fill* in this form. / What I want to do is (*to*) *see* her again. のような文 (疑似分裂文) では原形不定詞が名詞として機能します。但し、原形不定詞を使ってもいいのは前に do があるときです。つまり、All she needed to do was であれば、補語に②の touch を用いることもできます。本問では do がないため、補語は to 不定詞にしなければいけません。

(7) ②「彼女が理解できるようにゆっくり話さなければならなかった」

● 中学校でまず教わる to 不定詞の副詞用法が「目的」です。また、「目的」であることを明示させる手段として、in order to や so as to といった表現も覚えたはずですね。本問はそれに「意味上の主語」が付加されたときの形式を問うものです。(in order) for A to V が正解です。so as for A to V という形は使われないので注意してください。

(8) ①「日本の首相が来週アメリカ大統領と会談する予定だと、今日の新聞記事で読んだよ」

● 第三者によって決められた予定を表す be to V が正解となります。なぜ公人の予定に使われるのか、その理由は説明しました。

(9) ②「彼らが自分たちが間違っていたという事実を無視し始めているのは残念なことだ」

● begin / start の目的語には to 不定詞と動名詞の両方が可能で、意味にそれほど違いはないとされていますが（もちろん、差異が出る場合はあります）、begin / start が進行形のときは〜ing 形の連続を避けるため、目的語は to 不定詞で表します。

(10) ③「この川は梅雨に飛び込むには危険だ」

● 学校で It is dangerous to dive in this river in the rainy season. の同意文（もちろん、まったく同意ではありませんが）として書き換えさせられる to 不定詞の副詞用法です（to dive in が dangerous という形容詞を修飾する副詞の働きをしているので）。

(11) ④「彼女は台風がすぎてから、近所の人たちに家の修理をしてもらった」

●「have + 人 + 原形」＝「get + 人 + to V」（人に〜させる / してもらう）という等式も文法の時間に暗記させられたことでしょう。また、強制の make、許可の

let と違って、have と get は依頼だと教わったはずです。もちろん、それ自体間違いではないのですが、やはり英語を教えている者として、この2つの表現を何の疑問も持たずに等式で済ませてしまうのは問題だと思います。

　ご存知のように、英語は have, get, give, make, take などの基本動詞を用いた表現が豊富ですが（日本人には始末におえないほど多すぎるように思われますが）、当然どの表現も使用される基本動詞の本質的意味に規定されます。have と get に関して言えば、have の本質は「所有」ですね。そして、その所有は「現実の握持」だけでなく、「所有空間」「所有領域」も意味します。更に、本問のように S have O + C という形で用いられると、所有対象が「状況」を表します。つまり、状況を所有しているということです。これを「have + 人 + 原形」という表現について考えると、「人が～する状況を所有している」ということになります。そこで考えてみてください。「所有」とは通常ある程度持続的な構造を持ったものですね。「状況を持っている」ということは、そういった状況を主語のほうから立場的に作り出せる構造を持っているということなのです。具体的には、主語のほうが目的語よりも立場が上であったり、そうさせることのできる人間関係が存在するときです。

　一方、get は所有しているのではなく、「手に入れる」です。意図的に入手する場合にも、偶然手に入る場合にも使えますが、いずれにせよ、そこには手に入れるという動きが介在します。したがって、get が状況を目的語にするときには、have のような静的・構造的なニュアンスはなく、その状況を生み出そうとする主語の「動き」が感じられます。そうすると、

a.　We *had our teacher make* a speech at the party.
　　（先生にパーティーでスピーチをしてもらった）
b.　I'll *have my boyfriend drive* me home.
　　（彼に家まで車で送ってもらおう）

と言うよりも、

c.　We *got our teacher to make* a speech at the party.
d.　*I'll get my boyfriend to drive* me home.

とするほうが誤解を受けないでしょう。もちろん、彼をいつでも「アッシー

君」として使うことができるのなら、b の have が適切ですが。

　本問では「近所の人に屋根の修理をしてもらった」となっているので、やはり、依頼に向けての動きがある get のほうが自然です（もっとも、選択肢に have はありませんが）。もちろん、修理する人が業者であれば、客としていつでも修理を依頼できる構造にあるので、have を使っても不自然には感じられません。

(12) ①「彼が冗談を言っていることがわかって、彼女は満面笑みとなった」

● 感覚動詞 see が「知覚・認識」プロセスを辿ることは既に述べました。ここはその see が前置詞 on の目的語となり、動名詞になったものです。前置詞 on の基本概念は「（表面上の）接触」です。したがって、on の後に動名詞が後続するときは、「〜ing することと時間的に接触して→〜するや否や」となります。
　一方、前置詞 with には「同時性」の意味があるので、「付帯状況」を表すことはできますが、with は動名詞を目的語に取ることはできません。「with +（主語と異なる）名詞＋形容詞・分詞・副詞（句）」という形で使われます。

(13) ④「父の怒りは、メッセージが間に合わなかったこととは無関係です」

● 本問では動名詞の意味上の主語と完了形動名詞の否定形が問われています。まず、動名詞の意味上の主語が人の場合は、一般に所有格か目的格が用いられますが（動名詞句が主語を形成するときは所有格が正式で、目的格は口語的または非標準的。また、動名詞句が目的語を形成するときは、目的格が一般的で、所有格はやや硬い感じを与えます）、無生物・抽象名詞・名詞句の場合には、所有格は形成しにくいので、目的格を用います。
　次に、動名詞の否定形ですが、「単純形のときは否定詞は準動詞の前に置かれる」という原則どおり、not / never〜ing となります。但し、完了形のときは having not / never p.p. という形も使われます。

(14) ③「私は彼にその本の出版中止を強く求めた」

● 前問と同様、動名詞の意味上の主語を問う問題です。book は無生物名詞なので、目的格で意味上の主語を表します。

なお、stop A (from)〜ing で「A が〜ing しているのをやめさせる」という意味です。本問ではその本が今まさに出版されようとしているのがわかりますね。

(15) ④「この毒は、適量で使用すれば薬としての効用があるだろう」

● 分詞構文と考えて③を選んだ人もいることでしょう。確かに、分詞構文には受動態もあります。しかし、単純形の場合には being はまず省略されるので、being が残っている③は不自然です。ここは、「従属節の主語が主節の主語と同じ場合には、従属節中の主語と be 動詞は省略できる」という規則に従って、④ *when* (it is) *used* in a proper quantity が正解となります。

(16) ③「彼は娘に日本の流儀で教育を受けさせたかった」

● 受験英語で機械的に「have + 人 + 原形」と記憶している人は①を選んだかもしれませんね。でも、基本に立ち返って考えてください。いわゆる第5文型 (SVOC) では「状況」が目的語になっていることは既に述べました。では、目的語である娘と目的格補語である teach がここではどういう状況（関係）にあるのですか？「娘は日本の流儀で教えられる＝教育を受ける (taught)」ということですね。「そうした状況を父親である彼が持ちたかった」と言っているのです。

(17) ②「もし映画スターが自分の電話番号を電話帳に載せたら、誰もが電話してくるだろう」

● ここでも、have + O + C の理解が問われています。「映画スターたちは誰もが電話してくるという状況を（構造的に）持ってしまうだろう」と言っているだけです。
　なお、本問は仮想世界のことを述べているので、仮定法になっています。

(18) ②「そんな口のきき方はやめてもらえませんか？ムカつくんですよ！」

● disgust は「人をムカつかせる」という意味の他動詞です。そうすると、主語である It（その口のきき方）は作用を及ぼしているのか（現在分詞）、作用を

受けているのか（過去分詞）を考えれば答は簡単ですね。

(19) ③「パーティーが終わり、彼らは三々五々帰っていった」

●分詞構文 being は、受動態および進行形以外の場合でも省略できます。
　なお、The party over, they left by twos and threes. と The party being over, they left by twos and threes. では意味に微かに違いが生じると指摘する文法学者もいます。前者は The party was over, and they left by twos and threes. を、後者は As the party was over, they left by twos and threes. を分詞構文で表現したものだと言うのです。あえて being を残す点に、「理由」の意味が強く出ているそうです。

(20) ③「現在の私の立場では、あなたからの招待はお断りしなければなりません」

●前問と同様、独立分詞構文（分詞構文の意味上の主語が、主節の主語と異なる場合）ですね。もう答は簡単だと思います。

4

仮定法で語ろう

> Q.1 仮定法過去や仮定法過去完了と言われるものがよくわかりません。そもそも、仮定法とは何ですか？

Ans. 　言語の本質的機能は事柄の伝達にありますが、伝えようとする事柄は「現実世界」だけの現象ではありません。話し手の心の中にしか存在しない世界においても事柄は起きます。例えば、阪神が巨人に100連勝した光景は現実の世界では起きていません。しかし、それは阪神ファンの心の中では描けるのです。ただ、話し手の中にしか存在しない「仮想世界」で起きる、または起きた事柄だというだけです。**仮定法が対象領域とするのは、まさにこの「想像の世界」です。**

　もちろん、現実世界と同様、仮想世界においても、その事柄の生起時点を示す文法的枠組が必要となってきます。それが、仮定法過去・過去完了と呼ばれているものです。

　但し、誤解してはならないのは、**仮定法過去とは、伝えたい事柄が現実世界における過去時に起きたこと（時間的過去）を表しているのではありません。現在の事実とは違うということ（現在の事実からの隔たり）を過去形という形を借用して表しているだけです。**

　では、仮定法過去完了はどうでしょうか。もう簡単ですね。隔たりの基準が前にズレるだけです。つまり、**過去の事実からの隔たりを過去完了形を借用して表しているだけなのです。**

> **Q. 2** 文法書には直説法とか仮定法とか書かれていますが、英語で「法」とは何を意味するのですか？話し手の心的態度と書かれていますが、よくわかりません。

Ans. どの文法書にも、法とは「話し手の心的態度」であると説明されています。これをもっとわかりやすい言葉に置き換えると、**法とは「話し手が、伝えようとする事柄が現実世界と仮想世界のいずれに属すると考えているのか」を表すための文法的枠組**だと考えてください。そして、この文法的枠組は動詞の形態（語形変化）によって示されます。

　これが、英語における「法」の一般的定義ですが、現代英語には法の種類として次の3つがあります。

① 直説法： 話し手が、伝えようとする事柄が現実世界に属するものとして述べるための形式。
② 仮定法： 話し手が、伝えようとする事柄が仮想世界に属するものとして述べるための形式。
③ 命令法： 話し手が、聞き手に対して事柄の遂行を求めるための形式。

　この3つの法領域には大きな違いがあります。直説法で述べられている事柄は現実領域に属するので、過去から未来へと流れる「現実の時間」と対応させることが可能なのに対して、仮定法・命令法の場合にはそれができません。

> **Q. 3** You could have talked to me before doing it alone. という文も仮定法なのですか？仮定法は「事実と反対の仮定や願望を述べる」と教わった記憶がありますが、この文は仮定と願望のどちらを表しているのでしょうか？

Ans. 確かに、仮定法は事実と反対の仮定や願望を表します。それ自体何ら間違っていません。ただ、学校では、仮定法とは「もし〜なら……だろう」「〜だったらいいなあ」としか教えないので、仮定法が持つ豊かな感情の世界を伝えることができません。

人間は複雑な（？）感情的動物ですが、**仮定法は人の心に巣くう感情を、時には賞賛や感嘆として、時には怒りや皮肉、嫌味として、また時には悲しみ、嘆き、後悔として豊かに表現してくれます**。例えば、

(1) How *could* she *be* improved？
（彼女は最高だよ）

(2) No one *would be* the greater contrast to her than Jim.
（ジムほど彼女と不釣り合いな奴はいないぜ）

(3) I *could see* her, to be sure, but...
（そりゃあ、彼女に会うことはできるけど、でも……）

(4) You *could have reported* to me before it became everyone's attention.
（みんなが注目する前に俺に報告できただろ）

(5) You *might have let* me know you were getting married.
（結婚するって教えてくれてもよかったじゃないか）

(6) I *should have confessed* my true feelings to her.
（彼女に僕の本当の気持ちを打ち明けるべきだった）

(7) I *needn't have given* Yoshiko the cold shoulder.
（佳子によそよそしい態度を取る必要はなかったなあ）

などの文を見れば、その一端が理解できると思います。そうすると、You *could have talked* to me before doing it alone. が言わんとするところもわかりますね。「一人でする前に私に相談できただろ」という非難の感情を感じ取ってください。

　このように、仮定法が持つ深く味わいのある世界を探ろうとしなければ、コミュニケーションにおいて伝えるようとする「気持ち」に触れることができず、無味乾燥な表現だけで構成された世界が英語の世界だと思ってしまいます。

> **Q. 4** 仮定法過去と過去完了はある程度理解できるのですが、仮定法現在と呼ばれているものがよくわかりません。仮定法過去とどこが違うのですか？

Ans. 両者が表すのは一つの仮想、つまり、話し手が心の中で描く世界であるという点では共通していますが、細かく分析すると、仮定法現在と仮定法過去には以下の違いがあります。

仮定法現在とは、「話し手が現在そうあるべきだと考える状況」を述べた文です。したがって、「要請・命令・提案・助言」等の内容を示すthat 節中で使われるのが、仮定法現在の最も一般的な用法です。

(1) It is essential that they *make* an apology to us.
（彼らが我々に謝罪することが大切だ）

(2) He suggested that the meeting *be put* off.
（彼は会議を延期してはどうかと言った）

(3) We asked that he *go and see* them in person.
（私たちは彼が直接彼らに会いに行くように言った）

などの文は学校でも習ったことでしょう（イギリス英語ではこの仮定法現在の代わりに should を用いますが、直説法が使われることもあります）。

一方、**仮定法過去**とは、現在の事実に反する事柄、または事実と一致するかどうか確信が得られない事柄を述べた文です。反事実を述べようとする点にその核心があります。

> **Q. 5** 仮定法は時制の一致を受けないと教わりました。そうすると、例えば、"If I were a bird, I would fly to you." の部分が被伝達文になると、"He told me that if he were a bird, he would fly to me." となるのでしょうか？

Ans. ご質問の文に関してはそのとおりです。但し、学校文法では「仮定法は時制の一致を受けない」と機械的に覚えさせられますが、それは間違いです。**時制の一致を受ける場合もあれば、受けない場合もあります。**この点を理解するための前提として、時制のところで説明した、

(1) Mariko told Ken that her father *was* angry with him.
(2) Mariko told Ken that her father *is* angry with him.

という2文を思い出してください。(1)では時制の一致を受けていますね。つまり、真理子の父がこの文の発話時においても怒っているかどうかは話し手の意識にはありません。一方、(2)では時制の一致は受けていません。これは、従属節の内容が文の発話時においても成立していると話し手が考えているからでしたね。実は、**仮定法が従属節の内容となるときも、これと似たメカニズムが働くのです。**すなわち、

(3) Masato told his girlfriend that if he *had had* enough money, he *would have bought* her a diamond ring.
(4) Masato told his girlfriend that if he *had* enough money, he *would buy* her a diamond ring.
(もし十分なお金があれば、ダイアモンドの指輪を買ってあげるのにと正人は恋人に言った)

の2文とも成立可能です。但し、時制の一致を受けた(1)では、この文の

発話時においても正人には十分な金がないかどうかは話し手の意識にはありません。それに対して、時制の一致を受けていない(2)では、発話時においても正人には十分な金がないと話し手は考えているのです。

このように、数学や物理の公式の如く、「仮定法は時制の一致を受けない」と教えることは間違っています。もちろん、時制の一致を受けない仮定法もあります。例えば、次のような文です。

(5) a. He wishes he *were* stronger.
 (もっと強ければなあと彼は思っている)
 b. He wished he *were* stronger.
 (もっと強ければなあと彼は思った)
(6) a. "I *would appreciate* it if I you *could go and see* her for me," said Hiroshi.
 b. Hiroshi said that he *would appreciate* it if I *could go and see* her for him.
 (「代わりに彼女に会いに行ってもらいたいのですが」と博は言った)

I wish～のような間接話法型でないものや、間接話法であっても、被伝達文となっている仮定法が「反事実」ではなく、「依頼」や「提案」を表すときには時制の一致を受けません。

> **Q. 6** 仮定法過去は常に現在の事実に反する仮定や願望を表すのですか？例えば、If I were a bird, I would fly to you. や I wish I were a man. であれば「私が鳥になる可能性」「私が男になる可能性」はゼロなので、納得できますが、文によっては現在または将来実現可能性があるのに仮定法過去を使っているものも見受けられます。これはどうしてですか？

Ans. 仰るとおり、仮定法過去の核心は「反事実」ですが、If I were a bird や I wish I were a man のような100％の反事実を表す場合にしか使えないわけではありません。**事実と一致するかどうか自信がない場合や、現実にはあり得ることであってもその可能性が高くないと感じる場合にも仮定法過去は使われます。**例えば、議会制民主主義制度の下では常に下院（衆議院）は解散される可能性があり、それに伴って総選挙が行われます。ただ、話し手が現在その可能性を心の中でどう描いているかによって、直説法で述べるか、仮定法で述べるかが決まってきます。

(1) We *will lose* a lot of seats if the general election *is conducted* now.

(2) We *would lose* a lot of seats if the general election *were (to be) conducted* now.
（今総選挙を行えば我々は議席を多く失うだろう）

において、(2)の文が選択されるときは、今総選挙が行われる可能性は少ないという気持ちが込められています。

そして、もう一つ忘れてならないのが、「人間関係における距離」を表す仮定法過去の働きです。つまり、**現在から離れているという過去形の機能を人間関係に投影させ、相手への遠慮・配慮を示すことによって、丁寧さの度合いを高める働きです。**英語では、「直接命令する形→相手の意志を尋ねる形→相手との距離を置く形」へと移行するにつれ、形式

上の丁寧さは増していきます。次の例文を参考にしてください。

(3) *Show* me around Tokyo.
(4) *Will you show* me around Tokyo ?
(5) *Would you show* me around Tokyo ?
(6) *I wonder if you show* me around Tokyo.
(7) *I'm wondering if you show* me around Tokyo.
(8) *I wondered if you would show* me around Tokyo.
(9) *I was just wondering if you would show* me around Tokyo.

と人間関係上の距離は広がっていきます。また、

(10) If you *went* there by plane, you *would be* in time for the ceremony.
（飛行機で行けば、式典に間に合うでしょう）

という文は、

(11) If you *go* there by plane, you *will be* in time for the ceremony.

と言っても内容的には同じですね。ただ、相手への提案や助言に仮定法を使って「人間関係」に距離を置くことにより、控えめな表現にしているのです。

Q. 7 酒が好きで、酔っぱらうと陽気になりすぎるアメリカ人の友人が結婚するので、「結婚式では飲みすぎないようにな」と言ってやりたいのです。I wish you didn't drink too much at the wedding party. でいいですか？

Ans. 結論から申し上げますと、I wish you *wouldn't drink*〜とすべきです。確かに、I wish (that)〜は、「話し手があり得ないと思うことや、起きる可能性が少ないと考えること」を述べる表現なので、that 節中は仮定法になるのが原則です。但し、**would の有無によって願望内容が、習慣や永続状態なのか、未来の単発的行為なのかが決まってきます**。通常、前者であれば、動詞の語形は「単純過去」で表します。

(1) I wish this baby *were* a boy / girl.
（この子が男の子 / 女の子だったらなあ）
(2) I wish my wife *gave up* drinking in the kitchen.
（妻が台所で酒を飲むのをやめてくれたらなあ）

といったようにです。(1)では永続状態が、(2)では習慣が願望内容となっています。一方、

(3) I wish you *would take* my side at the next gathering.
（今度の集会で君が私の味方をしてくれればいいのだが）

では、願望内容が未来の単発的行為（特定の行為）です。こういう場合は、that 節中に would が必要となります。
　そうすると、I wish you *wouldn't drink*〜としなければならない理由はもう明白ですね。「結婚式で飲みすぎない」というのは特定の行為だからです。

4 仮定法で語ろう

> **Q. 8** as if に続く文では仮定法が用いられると習いましたが、She talks as if she knows what happened to him. のように、as if 節中で現在形（直説法現在）が使われている文を数多く見かけました。as if 節の中は直説法で表してもいいのですか？

Ans. もちろん、as if とは言え、if 節ですから、話し手の意識によって使われる法は違ってきます。"as if S ＋過去形" で「まるで～のように」（仮定法過去）、"as if S ＋過去完了" で「まるで～であったかのように」（仮定法過去完了）と説明を受けますが、この表現は仮定法だけで用いられるわけではありません。「まるで～のように」とは、仮想世界を述べる場合だけでなく、事実である可能性を心に描いて言うこともできるからです。つまり、as if 節中で仮想世界を描いたり、現実状況を想定したりするのは、話し手の自由だからです。具体的に説明しましょう。

(1) She talks as if she *knew* what happened to him.
(2) She talks as if she *knows* what happened to him.
（彼女は彼に何が起きたのか知っているかのような口ぶりだ）

の２文を比べると、(1)では、「話し手は彼女は彼に何が起きたのか知らないと思っているか、知っている可能性は低いと思っている」のに対し、(2)では「話し手は彼女は実際に彼に何が起きたのか知っていると思っている」ことを表しています。

as if 節中の仮定法の時制は、主節の時制と無関係に決まります。つまり、主節の動詞が現在であれ、過去であれ、as if 節中の仮定法の時制は影響を受けません。以下の文で確認してください。

(3) She talks as if she *knew* everything about it.
（彼女はそのことについて何でも知っているかのような口ぶり

だ)

(4) She talked as if she *knew* everything about it.
(彼女はそのことについて何でも知っているかのような口ぶりだった)

(5) She talks as if she *had known* everything about it.
(彼女はそのことについて何でも知っていたかのような口ぶりだ)

(6) She talked as if she *had known* everything about it.
(彼女はそのことについて何でも知っていたかのような口ぶりだった)

なお、この as if～は、元々は、

(7) She treats me as (she *would treat* me) if I *were* her brother.
(彼女は僕のことを弟のように扱う)

であったことを考えるとわかりやすいと思います。

> **Q. 9** "He studied hard; otherwise he couldn't have succeeded in the attempt." で用いられている otherwise は、「もしそうでなかったら」という "if + not" の意味だと習った記憶があります。ところが、今読んでいる英語の小説の中に、"That guy probably didn't know this was her ashes, otherwise he wouldn't have acted the way he did."（あの男これが彼女の遺骨だとたぶん知らなかったのよ。もし知ってたらあんな行動は取れなかったはずよ）という文に接しました。この場合、前文で否定の事実を述べているので、otherwise は "if + not" の意味にならないのではないですか？

Ans. otherwise は多くの用法を持つ、日本人には最も使いにくい単語の一つです。そもそも、otherwise の品詞からしてわかりにくいのが現状です。したがって、紙幅の都合上そのすべてを紹介するわけにはいかないので、ここではご質問の otherwise に関してのみお答えします。

　この otherwise は節と節、文と文を接続する「接続副詞」（接合詞）と呼ばれるもので、学校では「ifを用いない仮定法表現」の一つとして教わります。**その典型が、前文で肯定の事実を述べ、otherwise に続く文でその事実がなかったら反対の事実が起きる、または起きていただろうとするパターンです。**もちろん、これが接続副詞 otherwise の基本用法でしょうが、質問文のように、前文で否定の予測や推論を述べ、otherwise 以下でその根拠を述べるパターンも可能です。そして、その場合にはご指摘のように "if + not" ではなく、"if" の意味になります。

　なお、otherwise の代わりにより口語的な or を使っても構いません。但し、or は接続詞なので、

(1) You shouldn't eat while staying in Japan what you could *otherwise* eat in England.
（日本にいる間は、イギリスで口にできる物は食べるべきじゃないですよ→ otherwise は「もし日本にいなければ」）

(2) We're running out of time. We'll miss the flight *otherwise*.
   (もう時間がない。急がないと飛行機に乗り遅れるぞ)

のような文中や文末に置かれた otherwise と入れ替えることはできません。

> **Q. 10** 「もし〜がなければ」は If it were not for という形を取りますが、どうして it と for が使われているのかがわかりません。また、倒置形では Were it not for となりますが、もちろん、これは文語表現で口語ではほとんど用いられないと考えていいのでしょうか？

Ans. まず、前半のご質問にある it と for についてですが、これは簡単なことです。「我々が生存できるのはこの水があるからだ」という意味の英文を、いわゆる強調構文（分裂文）で表すと、It is for this water that we can keep our existence. となりますが、**It is for** の部分が反事実を表す仮定法として用いられ、**If it were not for**（もし for 以下がなければ）となっただけです。

　この前置詞 for は「理由」を表していますが、for の基本概念は「〜に向けて」です。一つの前置詞に独立した複数の意味があると日本人は考えがちですが、根底ではすべて基本イメージによってつながれています。「この水に目を向けて生存できる→生存できるのはこの水に目を向けているからだ→生存できるのはこの水があるからだ」という基本イメージの広がりがあるのです。

　次に、Were it not for という倒置形に関してですが、仰るとおり、これは形式張った表現であり、講演や公式の場での演説などを除けば、口語ではあまり使われません。でも、それはあくまで話し言葉においてであって、書き言葉では、擬古体によるイディオム化の現象が見られ、Were で始まる倒置形式のほうが、If で始まる形式よりも使用頻度が高い（BNC 検索の結果、Were it not for / Had it not been for はそれぞ

れ If it were not for / If it had not been for の約3倍）と報告されています（『英語教育』大修館書店　2003年2月号）。

　現代英語では were の代わりに was が多く使われています。但し、If it was not for という形は可能でも、Was it not for は誤用とされています。また、If I were you（もし私が君だったら）を If I was you とはできますが（日本の文法書では認めていないものもありますが、実際にはよく使われます）、Was I you は不可とされています。また、as it were（いわば）を as it was にはできません。

練習問題

問(1)〜(20)の（　）に入れるのに適切なものを、①〜④の中から選び、番号で答えよ。

(1) Why don't you urge that your husband (　　) drinking late at night.

　① will quit　　② would quit　　③ should have quit　　④ quit

(2) He was witness for the prosecution and insisted in court that the suspect (　　) out of the house.

　① had come　　② come　　③ came　　④ should come

(3) It is necessary that you (　　) late for the meeting.

　① not come　　② didn't come　　③ come not　　④ would not come

(4) (　　) by nature blind, he might not have been able to achieve a feat like that.

　① Was he not　　② Were he not　　③ Had he not been
　④ If he had been

(5) (　　) my advice, you wouldn't be in trouble now.

　① If you should take　　② If you were to take
　③ If you took　　④ If you had taken

102

(6) (　) her again would have pained me.

① Having seeing　② Seeing　③ To have seen　④ Seen

(7) It is time our trip to Japan (　　).

① would be arranged　② was arranged　③ were arranged
④ is arranged

(8) It was time he (　　).

① is going off　② was going off　③ had been going off
④ be going

(9) "Would you mind my opening the window ?"
"Well, it's a bit cold. (　　)."

① I'd rather you don't　　② I'd rather you wouldn't
③ I'd have rather you didn't mind　④ I'd have rather you wouldn't

(10) He is a teacher, (　　), a scholar.

① as it were　② rather than　③ or rather　④ would rather

(11) (　) be his whore (　) your wife.

① I'd rather, to　② I'd rather, than　③ I might as well, to
④ I'd sooner, to

(12) A: "How's the tour this time been ?"
B: "How could it have been improved ?"
What B's said means that (   ).

① the tour has been extermely bad
② the tour could be better if you should try to make it better
③ the tour could have been better if possible
④ the tour has been more than wonderful

(13) Jerry: "I think it's time we should not flinch. How about you, Tatsuo ?"
Tatsuo: "I couldn't agree with you more."
What Tatsuo has said means that (   ).

① he can't agree with Jerry   ② he totally agrees with Jerry
③ he does not quite agree with Jerry
④ he partially agrees with Jerry

(14) He talks as if (   ) on me.

① to pounce   ② he pounces   ③ he had pounced
④ he were to pounce

(15) (   ) the disease ten years ago.

① Any doctor could not cure   ② Not a doctor could have cured
③ Any doctor could not have cured   ④ A doctor could have cured

(16) (   ) here, your journey would be more pleasant.

① Now that you came   ② Once you came

104

③ Seeing you came　　④ Granting you came

(17)　I would marry her (　　) poor.

　　① but that I were　　② but that I were not
　　③ but that I'm not　　④ but that I am

(18)　(　　) your husband left you, what would you do ?

　　① Providing　　② Provided　　③ Suppose　　④ Supposed

(19)　(　　) we might have been frozen to death in the deep snow.

　　① More ten minutes, or　　② Ten more minutes, or
　　③ Ten another minutes, and　　④ Another ten minutes, and

(20)　You did a wonderful job. (　　).

　　① You did it better than I could have done
　　② You did it better than I could
　　③ You could do it better than I could have done
　　④ You could have done it better than I could

解答　解説

(1) ④「ご主人に夜遅くまで飲むのをやめるように言ったら？」

- urge は「強く迫る、急き立てる」という意味なので、that 節中では「あるべき状況」が述べられます。その場合は、should を用いるか仮定法現在になると説明しましたね。

(2) ①「彼は検察側の証人として、容疑者はその家から出て来たと法廷で主張した」

- insist（主張する、言い張る）につられて、should come や come を選んではいけません。よく考えてください。彼は法廷で主張したのです。「あるべき状況」を主張したのなら、should come や come になりますが、彼が主張したのはあくまで「現実世界」の事柄です。したがって、ここは直説法で述べなければなりません。そして、主節との時制関係を考えると、had come が正解になります。

(3) ①「君が会議に遅れないことが重要だ」

- (1)と同様、「あるべき状況」が内容となっているので仮定法現在でいいのですが、否定形は do, does, did を用いないで、not を動詞の前に置きます。但し、be の場合は not はその前でも後でも可能です。

(4) ②「もし生来の盲目でなかったら、彼はあのような偉業を達成できなかったかもしれない」

- 直説法と同様、仮定法においても主節（帰結節）と従属節（条件節）とが時間領域を異にする場合があります。本問は主節が「過去との反事実」を、従属節が現在との「反事実」を表しています。

　なお、were の代わりに was を用いた場合、If he was〜は可能でも、Was he not〜は不可であることは既に述べたとおりです。

(5) ④「あのとき私の忠告を受け入れていたら、今頃君は困っていないだろう」

●(4)と逆のパターンですね。

(6) ③「彼女にまた会っていたら、私は心苦しかっただろう」

●ご承知のように、仮定法ではifで導かれる条件節を他の方法で表すことができます。学校で、*To hear* him speak English, you *would take* him for an American.（彼が英語を話すのを聞いたら、アメリカ人と思うだろう）という例文に接したことがあるはずです。本問では名詞用法として主語の役割を担っているto不定詞が、同時にif節の機能も果たしています。
　なお、仮定法過去完了の場合、to不定詞も完了形で表される場合があります。

(7) ②「日本への旅の準備がもう整ってもいい頃だ」

●やるべき時が来ているのにまだやっておらず、したがって、「もう〜してもいい頃だ」と言いたいときには、It is time S ＋過去形（仮定法過去）がぴったしの表現です。学校や受験英語では、It is time for A to V や It is time S should V との間で書き換えをさせられますが、まったくの同意ではありません。It is time for A to V / It is time S should V が、単に「今やるべきだ」と勧めているのに対して、It is time S ＋過去形は、「やるべき時期なのにやっていないじゃないか」という意識を前提にした表現だからです。
　なお、この仮定法では、主語が1人称・3人称単数のときはwereではなく、wasが用いられます。

(8) ②「もう彼は立ち去ってもいい頃だった」

●主節は It was time となっていますが、従属節では時制の一致が行われていないことに注意してください。

(9) ②「窓を開けてもいいですか？」
　　「いえ、ちょっと寒いので。できれば開けないで欲しいのですが」

● would rather S + 過去形で、「(どちらかと言うと) S に〜してもらいたい」という意味の仮定法過去になります(現代英語では仮定法の代わりに直説法現在が使われることもありますが、一般的ではありません)。したがって、I'd rather you stayed here.(できれば君にここにいて欲しい)、He'd rather he didn't see his ex-wife any more.(彼は別れた妻ともう会わないほうがいいと思っている)といったように、「S + 過去形」が示す内容は、現在または未来の事柄です。
　また、would rather S + 過去完了では、「(どちらかと言うと) S に〜してもらいたかった」という意味の仮定法過去完了になります。もっとも、この場合は、I'd rather you had come. よりも、I wish you had come. と言うほうが通常ですが。

(10) ③「彼は教師、いや、学者だ」

● would rather と混同しないでください。本問は仮定法ではありません。or rather は「いや、〜」と、話し手が自らの前言を訂正するときに用いる表現です。

(11) ②「あなたの妻になるんだったら、彼の娼婦になるわ」

● 映画「タイタニック」から取ったセリフです。この仮定法表現は、would prefer to V「(どちらかと言えば)〜するほうがいい」という意味で用いられ、状況によっては、「……するくらいなら〜するほうがましだ」と訳すのが適切なこともあります。本問がまさにそれですね。「嫌いなあなたの妻になるぐらいだったら、愛する人の娼婦になるわ」とヒロインは言っているのです。本当に娼婦になりたいと思っていると勘違いしてはいけません。
　なお、would rather like は would quite like の意味で用いられ、would prefer が持つ選択的な意味はありません。つまり、I'd rather like a glass of beer. は I'd quite like a glass of beer. と、I'd rather have a glass of beer. は I'd prefer a glass of beer. とほぼ同意になります。

(12) ④　A:「今回の旅行どうだった？」
　　　　B:「最高だったよ」

●「(それ以上改善しようとしても) どうやって改善したらいいんだ？」ということは、もうそれ以上改善のしようがない、つまり最高だったという意味です

4 仮定法で語ろう

ね。仮定法に込められた賞賛の気持ちを読み取ってください。

(13) ② ジェリー:「今は怯むときじゃないと思うんだ。辰夫、君はどうだ?」
辰夫:「全面的に賛成だよ」

- 「君に対してこれ以上の賛意は(もし示そうとしても)示せないだろう」ということは、「君に全面的に同意だ」とか「僕にはまったく異論の余地がない」という意味になります。もう楽勝ですね。前問と同様、仮定法に込められた話し手の感情に触れてください。

(14) ① 「彼はまるで私に襲いかからんばかりの口ぶりだ」

- He talks as if he *were going to* pounce on me. の he were going の部分が省略された形です。本文で説明したように、as if に導かれる節中では直説法が用いられることもあります。be に関して言えば、主節が現在時制における3人称単数のときは were / was / is のどれもが選択可能です。但し、現在形(直説法現在)および人称との一致から離れるに従い、「現在の事実であるという意識」からも離れていきます。つまり、is は「実際にそうだと思っている」ことを (He talks as if he *is* going to pounce on me.)、was は「その可能性が低いと思っている」ことを (He talks as if he *was* going to pounce on me.)、were は「実際はそうじゃないと思っている」ことを (He talks as if he *were* going to pounce on me.) 表しています(もっとも、was と were の区別はそれほど明確にできないと思いますが)。

(15) ② 「10年前だったら、その病気を治せる医者は一人もいなかっただろう」

- (6)と同様、if で導かれる条件節を他の方法で表したものです。本問では ten years ago という副詞句が条件節の代用をしています。

(16) ② 「ひとたびこちらにいらっしゃれば、旅はもっと楽しくなりますよ」

- 接続詞 once を用いた条件節の代用はあまり知られていないと思いますが、「ひとたび~すれば」(once S + V) という意味からも、仮定法を形成できることは

納得できますね。

(17) ④「貧しくなかったら彼女と結婚するのだが」

- ほとんど知られていない文語表現ですが、but that〜で「もし〜でないなら」という意味になります。注意すべきは、主節は仮定の帰結を表しますが、but 節は事実を述べているので直説法になるという点です。つまり、but that I am poor は if I were not poor という仮定法を直説法で言い換えた表現です。

(18) ③「もしご主人があなたの元を去っていったら、どうしますか？」

- 動詞 suppose の本質は「心に土台を据える」ことです。すなわち、「土台として考える→前提として考える」となり、更には、命令法から仮定法へと使用が拡大し、「前提として考えてごらん→もし〜だとすれば」となっていきました。
  suppose が if として用いられるときは、suppose / supposing のいずれも可能ですが、アメリカ英語では supposing はあまり使われないようです。また、後続する節中では、内容の確実性を話し手がどう考えているかによって、直説法にも仮定法にもなります。
  なお、providing / provided も if の意味で用いることはできますが、仮定法では使用できません。

(19) ④「あと10分経っていたら、我々は深い雪の中で凍死していたかもしれない」

- お馴染みの「数詞 + and」による条件節の代用ですね。or も条件節の代わりができますが、前文で述べられた事実に反する内容を仮定するときに使われるので、本問では文意に沿いません。
  なお、追加を表す表現に more を用いることはできますが、another とは違って数詞の後に置きます。したがって、<u>Ten more</u> minutes なら正解です。

(20) ①「よくやったじゃないか。僕がしたとしても、君のように上手くできなかったと思うよ」

- than I could have done の部分、すなわち、「(もし僕がやっていたら) できたで

4　仮定法で語ろう

あろうよりも」から見抜いてください。

ちょっと覗いてみよう、名詞と冠詞の世界

> **Q.1** 英語には「数えられる名詞」と「数えられない名詞」があって、区別の仕方がわかりません。やはり、1個1個覚えていくしかないのでしょうか？名詞の種類には「普通名詞」「抽象名詞」「物質名詞」「集合名詞」「固有名詞」があって、一般に「抽象名詞」と「物質名詞」は数えられないと参考書に書かれていますが……

Ans. 外国人に「日本語は数の表現方法がいくつもあって難しい」と言われたことがありますが、それは「数え方」（1個・人・本・冊・台・隻・艘……）を指しているのであって、それならば英語にだってあります（a piece / cake / bar / loaf / head / sheet / lump of...）。**名詞に関して英語が日本語と決定的に違う点は、可算（数えられるもの）として扱うか、不可算（数えられないもの）として扱うかの区別をあらゆる名詞に適用することです。**日本語にはその区別がまったく存在しない反面、英語では常にそれを意識していなければなりません。我々日本人にとって英語を難解にさせている理由の1つが、この意識の必要性です。

しかし、たとえそうであっても、**可算・不可算の厳然たる存在は、英語の情報伝達においてその区別が大きな役割を果たしているという事実を物語っており、我々学習者はそこから逃げることはできません。**

まず、名詞を1個ずつ「数えられるか」「数えられないか」に分類して覚えていこうとする暴挙はやめましょう。そもそも、すべての名詞がきっちりと2つに分類できるわけではありません。同じ名詞でも、状況によって可算名詞となったり、不可算名詞として扱われたりすることが多いからです（誤解をおそれずに言わせてもらえば、すべての名詞は究極的には数えられます。この世に数えられない名詞は存在しませ

ん)。そして、それに応じて、a / an, many, few, several, both, one, two, three...（可算名詞に使われる）、much, little（不可算名詞に使われる）等、不定冠詞や数量形容詞の可否も変わってきます。

　高校や予備校では、「普通名詞」「抽象名詞」「物質名詞」「集合名詞」「固有名詞」という分類に従って、可算か不可算かを説明しようとする人がいますが、これだと実のところ何もわかりません。名詞の概念を理解する指標として、「普通」「抽象」「物質」「集合」「固有」と分類することは別に否定しませんが、可算か不可算かを説明する基準としてこれらを持ち出すのは間違っています。なぜなら、「tomato は普通名詞なので数えられる」と断言したら、You have *tomato* on your cheek. という英文に接したとたんに生徒は混乱し、また、「love は抽象名詞だから数えられません」と教え込めば、今度は He has *a* deep *love* for his children. という英文に当惑してしまうからです。私自身、高校の授業中、「数えられる名詞は数を表し、数えられない名詞は量を表す」という説明を受けたことがありますが、私みたいな凡人にはそんな禅問答では何のことかさっぱりわからなかった記憶があります。

　以下の例文から、両者の感覚の違いを探ってみてください。

(1) a. You always have disheveled *hair*. Why don't you dress it before leaving home ?
（君はいつも髪がボサボサだな。家を出る前に整えたらどうだ）

b. There are some *hairs* left in the washbowl. Take them off.
（洗面台に髪の毛が何本か残ってるぞ。取っとくように）

(2) a. Let me fix you *chicken* for supper tonight.
（今夜の夕食はチキンよ）

b. Don't count your *chickens*.
（取らぬ狸の皮算用はするな）

(3) a. People eat *dog* in Korea.
   (韓国では犬肉が食べられている)
   b. *Dogs* are faithful animals.
   (犬は忠実な動物である)

(4) a. I like *winter* best.
   (僕は冬が一番好きだ)
   b. We've never had *a winter* like this.
   (こんな冬は初めてだ)

(5) a. She went to *school* in this village.
   (彼女はこの村で通学していた)
   b. We've got to build *a school* in this village.
   (この村に学校を建設する必要がある)

(6) a. You're running out of time. Go there immediately by *taxi*.
   (時間がないぞ！すぐタクシーで行け)
   b. Look! There are already two *taxies* waiting outside.
   (ほら、もうタクシーが2台外で待ってるわ)

(7) a. I had *difficulty* finding my way home last night.
   (昨夜は家に帰るのに苦労した)
   b. You'll have to overcome lots of *difficulties* to be a good doctor.
   (立派な医者になるには多くの困難を乗り越えねばならないだろう)

(8) a. Great *progress* has been made in the field of medicine in the

twentieth century.
（20世紀医学の分野では大きな進歩があった）
b. We've seen so many *progresses* in the field of medicine in the twentieth century.
（20世紀医学の分野ではさまざまな進歩があった）

(9) a. It's time you went to *bed*.
（もう寝る時間よ）
b. Dad, I want *a* new *bed* in my room.
（お父さん、部屋に新しいベッドが欲しいの）

(10) a. He drinks a lot of *wine* every night.
（彼は毎晩ワインを多量に飲んでいる）
b. His hobby is collecting various *wines* in the world.
（彼の趣味は世界のさまざまなワインを集めることです）

(1)〜(10)を通じて a が不可算、b が可算です。このように同じ名詞であっても、話し手の意識に応じてどちらででも使えるのです。
では、可算名詞と不可算名詞の判別基準はどこに求められるのでしょうか。この点につき、

明確で具体的な形をイメージできれば可算、できなければ不可算

という基準を指摘できると思います。再度上の例文に即して確認してみましょう。

(1)では「全体としての頭髪」（不可算）と「落ちている数本の髪の毛」（可算）が、
(2)では「鶏肉」（不可算）と「生きた鶏」（可算）が、

(3)では「犬肉」（不可算）と「生きた犬」（可算）が、
(4)では「四季としての冬」（不可算）と「今年経験した具体的な冬」（可算）が、
(5)では「授業、教育」（不可算）と「建設すべき校舎」（可算）が、
(6)では「移動手段」（不可算）と「今外で待っているタクシー」（可算）が、
(7)では「漠然とした苦労」（不可算）と「乗り越えねばならぬさまざまな障害」（可算）が、
(8)では「抽象的に捉えた進歩」（不可算）と「成し遂げたさまざまな進歩」（可算）が（なお、progress に関しては、絶対に不可算だと信じ込んでいる方が多いようですが、make a progress / progresses という表現は広く使われています）、
(9)では「寝るという事象」（不可算）と「個体としてのベット」（可算）が、
(10)では「飲む対象としてのまとまりのないワイン」（不可算）と「収集対象としての個別・具体的なワイン」（可算）が、

それぞれ論じられています。
　そして、上述の原則どおり、不可算の場合には明確で具体的な形やイメージが想定できず、一方、可算の場合にはそれらがすべて可能であると言えます。どうですか、そんなに難しい判別基準じゃないでしょ？第一、あまりにも複雑ならアメリカ人が使えるわけないじゃないですか（とは言っても、可算と不可算の区別がない日本人にとって厄介なことは認めますが）。
　そうすると、You have *tomato* on your cheek.（ほっぺにトマトがついてるよ）はどう説明できますか？ You have *a tomato* on your cheek. ならたいへんなことになりますね。頬に球形をしたトマトを1個つけていなければならないからです。頬についているのは明確で具体的な形を失ったトマトの一部だから不可算になっているのです。

5 ちょっと覗いてみよう、名詞と冠詞の世界

> **Q.2** 数えられる名詞について一般論を述べるときは、「a / an ＋単数形」「the ＋単数形」「複数形」の３とおりの表し方があると習いましたが、どれを使ってもいいのですか？

Ans. 確かに、可算名詞が種（species）や類（class）全体を表すとき（総称用法）、Quirk *et al.*（1985）によれば、

(1) a. *Tigers* can be dangerous.
 b. *A tiger* can be dangerous.
 c. *The tiger* can be dangerous.

の３とおりがあるとされています。しかし、**この中でも「無冠詞の複数形」が最も自然で、広く使われています**。日本語では「虎たちは危険な動物です」とは決して言わないので、日本人は複数名詞を使うことに抵抗を感じるかもしれません。また、不定冠詞 a / an には「一般に〜というものは」「一般にどんな〜でも」という意味も含まれているので、*A tiger* can be dangerous. が最も適切であるという感覚を我々日本人は抱いてしまいがちです。しかし、ネイティブによると、「a / an ＋単数名詞」ではどうしても a / an が持つ「１つ」という基本概念に邪魔をされてしまうという現象が思考に起きてしまうようです。その結果、**彼らが可算名詞について一般論を述べるときは、「種類の中のどの１つを取り出しても」という a / an よりも、「広く漠然と、より多くのものに当てはまる」複数形を使うのが普通です**。例えば、*A dog* is a faithful animal. ではなく、*Dogs* are faithful animals. と表現するようにです。

また、the には名詞を抽象化する働きがあるので、「the ＋単数形」でも一般論を表すことができますが、これはかなり改まった堅い表現で、主として学術論文などで見受けられます（最近は学術論文でも複数形が多く使われるようになりましたが）。

なお、今までの説明は主語の場合です。目的語や補語になった場合は同じことが当てはまるとは限りません。**例えば、love, like, hate, dislike, prefer などの好悪を表す動詞では、「(一般的に言って) 彼は女好きだ」と言いたければ、He loves girls. と目的語に複数形を取るのが基本**です。He loves *a girl*. だと「彼はある(1人の)女の子が好きだ」となり、聞き手にその女の子が誰なのかを連想させてしまい、また、He loves *the girl*. であれば、当事者どおしで了解済みの特定の女の子を指すことになってしまうからです。

一方、「虎を見たことがありますか?」といった認識・知覚を表す動詞の場合は、一般論を述べるときは、Have you ever seen *a tiger*? と通常目的語に「a/an＋単数形」を取ります。これには、「1匹でもいいから」という意味が含まれているからです。

5 ちょっと覗いてみよう、名詞と冠詞の世界

> **Q. 3** 「the ＋名詞」は it で受け、「a ＋名詞」は one で受けると教わりました。そうすると、I have never seen a koala, because it does not inhabit Japan. という英文における it は one にすべきじゃないでしょうか。なぜなら、because 節中の it を名詞で表すと the koala ではなく、a koala になると思うからです。それとも、一度出てきた名詞なので２度目からは the koala になるのですか？

Ans. 代名詞 it, one および定冠詞 the に関する初歩的理解が絡み合った問題です。ご質問に沿って簡単に整理しておきましょう。

まず、because 節中の主語を名詞で書くと、the koala ではなく、a koala になる点は正しいです。しかし、代名詞で表すと one ではなく、it が正解です。そうすると、ご指摘のように、「the ＋名詞」は it で、「a ＋名詞」は one で受けるという原則に反するのではないかという疑問が出てきますが、その原因は、既出の名詞を受ける it は必ずその名詞その物を指すという思い込みにあるのだと思います。確かに、文法書などでよく見かける、

(1) a. His car is the coolest I've ever seen. I want *it*. (＝ the car)
    （あいつの車最高。俺もあの車欲しいよ）
  b. His car is the coolest I've ever seen. I want *one*. (＝ a car)
    （あいつの車最高。俺も車欲しいよ）

では、it は既出の名詞と同一の物を指しています。

では、なぜ既出の名詞その物（同一物）を指しているわけではないのに、because a koala〜が because it〜になるのでしょうか？ 実は、学校文法ではあまり意識して教えられていませんが、**it は総称用法の「a ＋名詞」を受けるときにも使われるからです**（もちろん複数名詞の場合は they になります）。つまり、becasue it〜の it は総称用法の a koala を受けているのです。このことは主語の場合だけでなく、目的語になったと

きも同様です。例えば、

(2) "Did you ever eat an eel?"
"Well, I gave *it* a try before, but I couldn't (eat *it*)."
(「ウナギ食べたことある？」「一度試したことあるけど、ダメだったわ」)

となります。
　なお、「可算名詞に関して一般論を展開するときは通常複数形を用いる」と述べましたが、ここでは前文の I have never seen *a koala*.（コアラを〈1頭も〉見たことがない）を無視してまで、because *they*〜に変える妥当性は見当たりません。
　最後に、**中学校では「一度出てきた名詞には2度目からは必ず the をつける」**と教わりますが、ここでも明らかなように、その原則は100％当てはまるわけではありません。

5 ちょっと覗いてみよう、名詞と冠詞の世界

> Q. 4　a と the の正しい使い方がわかりません。その結果、英語を書くときも、話すときも適当に the をつけています。今までそれで困ったことはないので、このままでいいかなと思うこともありますが、やはり基本的な使い方は知っておくべきなので教えてください。

Ans.　まず、適当に the をつけていて今まで困ったことがないと仰いますが、それは相手があなたの英語力に思いやり、もしくは諦めの気持ちがあって、あえて誤りを指摘しなかっただけだと思います。つまり、あなたは困ったことがなくても、相手はあなたの英語を理解するのに苦労したはずです。また、冠詞の使い方一つで、局面が変わるような状況を経験したことがないのも、困ったことがないと感じる原因かもしれません。

　少し失礼なことを申し上げましたが、実際、冠詞の使い方は日本人を最も悩ませる文法規則の一つです。可算名詞・不可算名詞同様、日本語には冠詞に相当するものがないので当然ですが。かく言う私も、英語で話すときはもちろんのこと、論文や手紙を書くときにも100％正しく冠詞を使いこなせる自信はありません。冠詞や前置詞には、ノン・ネイティブにはなかなか乗り越えられない微妙な感覚（語感）が潜んでいるからです（しかし、我々ノン・ネイティブでも分析は可能です。むしろ、運用能力では勝てなくても、分析においては対等以上の追究ができるはずです）。

　さて、いくら冠詞が難しくても、何でもかんでも the をつけているようでは英語は上達しません。なぜなら、a / an と the が伝える情報には重要な違いがあり、ネイティブたちはそれらを前提にコミュニケーションを行っているからです。あってもなくてもいい代物であれば、「言語の効率性」の原理から、a / an も the もとっくに姿を消しているはずです（もっとも、英語にも冠詞は存在しませんでした。中世になり、指示語の that から定冠詞 the が生まれ、数詞の one から不定冠詞 an が創られたのです）。

では、the はどういったときに使われるのでしょうか。ここでは the に焦点を当てて説明します。the の基本がわかれば、a / an も理解できるからです。

まず、学校で教わる「一度出てきた名詞には the をつける」「修飾語で限定された名詞には the がつく」という思い込みは捨てて、次の原則を脳に叩き込みましょう。すなわち、the は、

ある名詞（またはその名詞の集団）が何を指しているかが自動的に聞き手に特定できると話し手が考えるとき

に使われます。決して話し手自身がわかっているときではありません。もっとも、何を指しているか自動的に聞き手に特定できると話し手が考えるときには、話し手自身もわかっているでしょうが、あくまで基準は「相手に特定できる」という話し手の意識です。この点を誤解されている方が多いようです。

そこで次に求められるのが、「聞き手に特定できる」と話し手が考えるのはどのような場面においてかという点です。大別すれば、

① 文中や話の中に既に登場した名詞を指すとき

(1) I ran into a stunningly beautiful girl last night, and *the* girl talked as if she were my wife.
（昨夜凄い美人に出くわしたんだ。そしたら、その子俺の女房みたいな口のきき方してさ→昨夜出くわした女の子に決まってますね）

(2) I was born in Kyoto, but I don't like *the* city.
（僕は京都生まれだけど、あの町好きじゃないんだ→京都に決まってます）

② 文脈や状況から判断できるとき

(3) We've bought a new BMW, but *the* radio is malfunctioning.
(BMW の新車買ったんだけど、ラジオの調子が悪くて→新車のラジオだと特定できますね)

(4) What are you doing here? Can't you read *the* notice?
(ここで何してる？掲示板が読めないのか？→状況からそこに立っている掲示板だと特定できますね)

(5) *The weather* couldn't have been worse.
(天気は最悪だったよ→話題にしている日の「天気」であることは明白ですね)

③ 常識から判断できるとき

(6) There is something romantic about *the* moon.
(月にはどこかロマンチックな雰囲気がある→「月」と言えば、常識から特定できます)

(7) He gave us a lecture on *the* Pacific War.
(彼は太平洋戦争についての講義をした→歴史上の出来事も常識から特定可能です)

(8) *The* Queen of Denmark is to visit *the* President of the United States next week.
(デンマーク女王が来週アメリカ大統領を訪問する予定である→デンマーク女王、アメリカ大統領と言えば、常識から特定できますね。国王、女王、大統領、首相などはその国に１人しかいませんから)

(9) He was injured in *the* left eye in the war.
(彼は戦争で左目を負傷した→左目と言えば、常識的に特定できますね。左目は１つしかないですから)

⑩ Which do you think is *the* brighter of the two students ?
（その2人の学生のうち、どちらが優秀だと思いますか？→2人の中で優秀なほうと言えば、自動的に特定できますね）

⑪ I have two sisters; one lives in Tokyo, *the* other in Fukuoka.
（私には姉が2人いますが、1人は東京、もう1人は福岡に住んでいます→2人の中の1人について述べれば、残りは自動的に特定できます）

④　話し手と聞き手の間で既に了解済みのものを指すとき

⑫ I'm told he's getting married to *the* girl in *the* bar.
（彼は例の飲み屋の、例の女と結婚するらしいよ→当事者間では既知の情報なので、聞き手は特定できます）

⑬ Give me *the* dope !
（おい、例の麻薬をよこせ！→取引をしているほどですから、既に了解済みの麻薬に決まってます）

などの場面が考えられます。
　「何を指しているかが自動的に聞き手に特定できると話し手が考えるとき」という原則にすべて当てはまるでしょ？この定冠詞の基本原則を知っただけで、今までいい加減に使っていた the に関するかなりのモヤモヤが晴れたことと思います。同時に、これまでのあなたの英語がネイティブ・スピーカーにとっていかに不自然で、場合によっては不快に響いたかもしれないという点もわかっていただけたはずです。後は英文をどんどん読み、彼らの冠詞の語感に迫れるよう頑張ってください。

5 ちょっと覗いてみよう、名詞と冠詞の世界

Q. 5 the は「その」と訳すときと、まったく訳さない場合がありますが、どうやって判断したらいいのでしょうか？やはり文脈ですか？

Ans. 何語においても文や語句の意味が、最終的には文脈で決定されることは事実です。冠詞も例外ではありません。

まず、どうして the を訳さない場合があるかと言えば、前問でも説明したように、the を使うときの原則は、「the が限定する名詞が何を指しているかが自動的に聞き手に特定できる」と話し手が判断しているときだからです。例えば、あなた（男性）が東京駅から新幹線で恋人と神戸に向う直前だとしましょう。発車時刻の30分前に彼女が東京駅の地下街で下着を買うことになり、一緒につき合いづらいあなたが、Why don't we meet at *the* north gate of *the* station ?（駅の北口で会おう）と言ったとします（どうして日本人どおしが英語で話すんだというもっともな疑問はここでは我慢してください）。あなたが the north gate, the station と the を使ったのは、「何駅の、何線の北口なのかが彼女に特定できる」と考えたからです。東京駅ではなく新神戸駅かもしれないと、また東海道新幹線ではなく、東北・上越新幹線の北口かもしれないと彼女が考えるはずはないと、あなたが思っているからです。つまり、**聞き手に自動的にわかると思っているとき、日本語でも「その駅のその北口で」と言う必要はありません**。

では、和訳問題などで the を訳出するのはどういった場合でしょうか。例えば、聞き手に対して既に了解済みのものを改めて確認したり、連想させたりする状況が考えられます。但し、そうした場面もすべて「その」では the が持つ語感が正確には伝わりません。「その」だと指示形容詞 that との区別がつかないからです。実際、写真の中の特定人物（男性）を指差し、「その人誰？」と尋ねるときは、Who's *that* man ? と言うのが自然です。一方、the は既に相手が了解済みだと判断したときに使われるので、本人や写真を目の前にせず、Who's *the* man ? と言う

ことは十分あり得ます。そんなときは、「あの人誰なの？」とか「例の男性誰？」とするほうが適切なことも多いでしょう。

> **Q. 6** The television is the greatest invention in the twentieth century. という文における The television の the はどんな働きをしているのですか？また、この場合 television は可算名詞・不可算名詞のいずれでしょうか？

Ans. 定冠詞 the には名詞を抽象化する、つまり、誰しもが了解できるような抽象概念を名詞に付与する働きがあります（だから、論文や堅い内容の英文では「the ＋ 単数名詞」が総称用法として使われることが多いのです）。そして、このことは本来の可算名詞に the がついた場合にも当てはまります。例えば、*The* pen is mightier than *the* sword.（ペンは剣よりも強し）であれば、実際の「ペン」と「剣」を比べているのではなく、「ペン→書かれた物→言論」と「剣→力→武力、暴力」を比べているわけです。ご質問の The television における the も同様の働きをしています。

但し、ここでの television は不可算名詞です。確かに、**television, radio, telephone** などは、「具体的な機器」を観念して述べるときは可算名詞になりますが、利用・伝達・娯楽手段として抽象的に論じるときは不可算名詞として扱います。「テレビ（という物）は20世紀における最大の発明品である」という意味です。

なお、不可算名詞であれば、無冠詞のまま使えるので、Television is the greatest invention in the twentieth century. でも文法的に間違いではありませんが、発明品などを抽象的に論じるときは、「the ＋ 名詞」がよく用いられます。

> **Q. 7** I prefer a dog to a cat if I have a pet.（もしペットを飼うなら猫よりも犬がいい）という文におけるa dog / a cat / a pet は総称用法だと思うのですが、もしそうだとしたら、I prefer dogs to cats if I have pets. と無冠詞の複数形で表すほうがいいのでしょうか？

Ans. いいえ、ほとんどの場合、I prefer *a dog* to *a cat* if I have *a pet*. とするほうが適切でしょう。確かに、可算名詞について一般論を展開するときは裸（無冠詞）の複数形が最も広く使われると述べました。また、love, like, hate, dislike, prefer など好悪を表す動詞の目的語には無冠詞の複数形を使うべきだとも。では、どうしてこの文では一般論を述べていながら、「a + 単数形」が適切なのでしょうか。その答は不定冠詞 a / an の基本イメージに求められます。

中学校で初めて a / an を習ったときのことを思い出してください。「a は一つという意味です」と教わらなかったですか？そうです。**the と違い a/an は究極的には「一つ」なのです。たとえ固有名詞についたとしても、やはり「一つ」だと述べているのです。**

(1) There is *a Mr. Nojima* waiting for you on the lobby.
（野島さんとおっしゃる方がロビーでお待ちです）

といった英文に接したことはないですか？「（複数あるうちの）一つ」という a/an の基本イメージがここでも忠実に発揮されています。世の中に「野島」という苗字の人は複数いるが、「（その中の）一人」が待っていると言っているのです。

一般論を展開するときも決してこの基本イメージから逃れることはできません。だから、Q. 2 で述べたように、総称用法であっても「虎を見たことがありますか？」という文では、話し手の意識には「一匹でも」というイメージがあるため、Have you ever seen *a tiger*? と「a + 単数

名詞」が目的語になるのです。I prefer *a dog* to *a cat* if I have a *pet*. のほうが I prefer *dogs* to *cats* if I have *pets*. よりも適切な場合が多いというのも、まったく同じ原理に基づいています。つまり、「ペットを（一匹）飼うなら、猫（一匹）よりも犬（一匹）のほうがいい」と言っているのです。むろん、これは飼おうとするペットが一匹だという意識で述べているからであり、もし複数のペットを飼うつもりなら、dogs, cats, pets となるのは当然です。

Q. 8 This is the present Dad bought for you yesterday. のように「名詞が後から限定されると必ず the がつく」と教わりましたが、This is a present Dad bought for you yesterday. という文はあり得ないのですか？

Ans. あり得ないどころか、伝えようとしている情報が異なるため、状況によっては This is *a* present〜と言わなければならない場面もあります。

まず、「名詞が関係詞節などによって限定（修飾）されると必ず the がつく」という思い込みは捨ててください。後から限定されても a / an の場合もあれば、the になる場合もあります。**最終的な決めてとなるのは限定の有無ではなく、聞き手にその名詞（またはその名詞の集団）が自動的に特定できるかどうかという話し手の判断です**（もう何度も述べたことですね）。具体例で見ていきましょう。

(1) a.　This is *the* present Dad bought for you yesterday.
　　b.　This is *a* present Dad bought for you yesterday.
　　　　（これがお父さんが昨日あなたに買ってくれたプレゼントよ）

冠詞というものが存在しない日本語では、２つの文は同意に思えますが、実は伝えようとしている情報が異なっています。the は「聞き手に特定できるという話し手の判断」に基づいて使われるわけですから、the present と言えば、聞き手には「（父が他の人にもプレゼント買った

5 ちょっと覗いてみよう、名詞と冠詞の世界

にせよ買わなかったにせよ、あるいは一人で買い物をしたにせよ他の人と一緒に買い物をしたにせよ）自分に買ってくれたのはこのプレゼントだけだ」という情報が伝わります。一方、a present と言えば、聞き手は「父はこれ以外にも自分にプレゼントを買ってくれたのだな」と考えます。なぜなら、不定冠詞 a / an は、「(2つ以上あるうちの) 1つ」という意味であり、他にも存在することを前提としているからです。そうすると、

(2) a. This is *the* town I lived in as a child.
   b. This is *a* town I lived in as a child.
      （ここは私が子供時代をすごした町です）

という2つの文の違いもわかりますね。the town だと「話し手が子供時代をすごした町はここだけだ」という情報が伝わるのに対して、a town だとそうした特定が聞き手の中に生じないので、「他にも子供時代をすごした町があるのだな」と解釈されます。最後にもう一例。

(3) a. Jane, you're *the* girl Akihiko loves.
   b. Jane, you're *a* girl Akihiko loves.
      （ジェーン、明彦が好きなのは君なんだ）

さて、ジェーンも明彦が好きな場合、どちらの文を言われたほうが幸せでしょうか？答は明白、a ですよね。the girl Akihiko loves と言えば、「明彦が好きなのは私だけなんだ」という情報がジェーンに伝わるからです。もし、a girl Akihiko loves であれば、「明彦が好きなのは私以外にもいるんだ。私はその中の一人にすぎないのね」とジェーンは思ってしまいます。

ただ、これは少し上級者向けの知識かもしれませんが、「父が買ってくれたロボットが1つだけ」であっても、

(4) This is *a* robot Dad bought for you yesterday, but it doesn't work at all.
（これお父さんが昨日あなたに買ってくれたロボットだけど、全然動かないのよ）

といった文の場合には the ではなく、a が使われることがあります。それは「お父さんが買ってくれたロボットはこれだ」という特定を聞き手の中に生じさせることが目的ではなく、昨日買ったけど全然動かないロボットの説明、言い換えれば、世の中には動かないロボットは複数あるが、「そのうちの一つだ」と言っているからです。

(5) Mt. Yari is *a* mountain in the Japan North Alps, which I've climbed more than five times.
（槍が岳は北アルプスにある山で、私は5回以上登ったことがある）

(6) Keio is *a* university founded by FUKUZAWA Yukichi.
（慶応は福沢諭吉が創設した大学です）

も同様です。槍ヶ岳も慶応大学も一つしかなく、特定できるので、the mountain, the university となりそうですが、槍ヶ岳がどういった山か（北アルプスの中にある「一つの山」）、慶応大学がどういった大学か（日本にある「一つの大学」）を説明することに主眼があるため、a mountain, a university となっているのです。

このように、場合によっては一筋縄ではいかない点が、冠詞を持たない我々日本民族を悩ませている原因なのでしょう。

5 ちょっと覗いてみよう、名詞と冠詞の世界

> **Q. 9** 「〜がいる、ある」という There is / are 〜の後には「the ＋名詞」や代名詞は来ないと教わりましたが、There's the problem of poverty all over this continent. という英文に接したことがあります。この the はどう説明すればいいですか？

Ans. 英語に「文末焦点の原則」があるのは、お互いが了解済みの情報から始め、後から新しい情報をつけ加えていくほうが心理的に安定し、聞き落とし等のデメリットも避けられるという機能的な理由があるからです。

しかし、英語にはＳ＋Ｖという語順上の規則もあるため、何かの存在を表すときには be の前に新情報を置かざるを得ない不都合が生じてしまいます。そこで、**この不都合を解消して文末焦点の原則に適うように生み出されたのが There is / are 構文と呼ばれているものです。**したがって、この There は新情報の存在を予告する「存在の there」（existential there）とも言われ、副詞の there（そこに、そこで）とは区別されます。

さて、これに基づけば、「ほら、彼の庭には車が10台以上ある」と言うときは、

(1) Look ! <u>More than ten cars</u> are in his garden. →△
       新情報

ではなく、

(2) Look ! There are <u>more than ten cars</u> in his garden.
                    新情報

と新情報を動詞の後に持ってくるほうが情報構造に適っています。

一方、the や代名詞は通常既知の情報を表しているので、

131

(3) There is <u>the car</u> in his gaden.
       旧情報

ではなく、

(4) <u>The car</u> is in his garden.
    旧情報

とするのが原則に合致します。
　しかし、There is / are の後に「the ＋名詞」や代名詞が置かれる場合があります。それは、

(5) "Do you have any evidence ?"
　　 "Yes, there are *the documents* in this box."
　　 (「何か証拠はありますか？」「はい、この箱の中に例の書類が入ってます」)
(6) There is *the difficulty* we have to get over in dealing with this matter.
　　 (この件を扱うに当たって、乗り越えねばならない障害があります)

といった文からも明らかなように、**旧情報であっても相手の問に対してその存在を伝えるときと、形容詞句や関係詞節で限定されたものの存在を伝えるとき**です。ご質問の There's *the problem* of poverty all over this continent.（この大陸全土には貧困という問題がある）は(6)に該当します。

> Q. 10　どうして肯定文では some で、疑問文や否定文では any になるのですか？

Ans.　some と any は、代名詞としてのみならず、There are *some* apples left in the box. や Do you have *any* idea？といったように形容詞としても広く使われていますが、どちらも基本原則は同じなのでここで取り上げさせていただきました。

さて、我々日本人の多くが生涯抱き続ける some と any に関する誤った知識の原因が、いつ誰が言い出したのかはわかりませんが、数学の公式の如く中学校で叩き込まれる「肯定文の some は、疑問文・否定文では any に変わる」というお題目にあることは間違いありません。大学卒業後もそう信じて疑わない方が多いのではないでしょうか。

しかし、some と any に関して暗記させられた「公式」は今すぐ忘れてください。some も any も何文で使っても結構です。文意に応じてどちらを使うかが決まるだけであって、肯定文でも any を、疑問文・否定文でも some を使うことができます。

両者の使い分けを知るためには、それぞれの本質を知らなければなりません。簡単に言えば、**some は「（具体的にはわからない、または述べてないが）存在することを前提」**としているときに使われ、一方、**any は「どれを（選んでも）、いかなるものを（取り出しても）」という選択の任意性を本質としています。**

この両者の相違から、肯定文では some が、疑問文・否定文では any が使われる現象が多く見られるだけであって、**肯定文だから some、疑問文・否定文だから any と問答無用に決まるわけではありません。**例えば、

(1) There's *something* I must tell you today.
　　（今日は君に言わなければならないことがあるんだ）

で some が用いられているのは、(まだ具体的には述べていないが) 存在していることを前提としているからです。相手に言わなければならないことが存在するかどうかわからないのに、こんなセリフを吐く人はいませんよね。また、

(2) Do you have *anything* to declare ?
（何か申告する物はありますか？）
(3) He doesn't have *any* friends.
（彼には友人が1人もいない）

で any が使われているのは疑問文・否定文だからでは何の説明にもなってません。「(どんな物でもいいから) 申告すべき物を言ってください」「(誰を選んでも) 彼には友人と呼べる人はいない」という意味なので any が使われているのです。**some と any の使い分けについて覚えなければならないのはこの原則だけです。ネイティブ・スピーカーもこの原則に基づいて両者を使い分けています。**

　受験参考書等でときどき、いや多く見受けられる説明で、「相手に食べ物や飲み物を勧めるときは、肯定の返事を期待するので疑問文でも some を使う」という思わず吹き出してしまう記述があります。誰しも経験があると思いますが、残り少ないお菓子を相手の目の前で食べるのは「セコイ奴、ケチな野郎」と思われるおそれがあるので、「どう？食べる？」と聞くことがありますよね。もちろん、内心では自分が食べたいので相手の「要らない」という返事を期待しながら。そんなときでも、英語は Would you like *some* ? と尋ねるのです。もしこうした場面で any を使えばどうなりますか？例えば、Would you like *any* juice ? という文を想定してみてください。「どんなジュースでも飲むか？」では、聞かれたほうは怖くて返事ができません。Yes と答えたために、毒入りジュースが出されたらどうしますか。毒入りとまではいかなくても、「明太子、らっきょ、バター、ヤクルト、ネギ」をミキサーにかけたジ

ュースが出されても文句は言えません（小学生の頃家に遊びに来た友達に、ミキサーで多種多様なジュースを作って飲ませた記憶があります）。

　トム・ハンクスが主演した映画『big』の中に、I haven't told you *something*.（君に言ってないことがあるんだ）というセリフがありました。否定文なのに some が使われています。でも、その理由はもう簡単に説明がつきますね。「君に言ってないことがある（＝存在している）」ことを前提としているからです。もし、I haven't told you *anything*. では「君にどんなことでも話していない→君に何も言ってないんだ」という意味になってしまいます。

　どうですか？「some は肯定文で、any は疑問文・否定文で」という真理の如く信じて疑ったことがない文法規則など実は存在しなかったのです。some と any の本質さえ押さえていれば、何文であろうと自由に使っていいのです。

Would you like any juice?

練習問題

1 問(1)〜(10)の日本語を、名詞の可算・不可算に注意して英訳せよ。

(1) a. 結婚は人生の墓場である。
　　b. 彼女は幸せな結婚を望んでいる。

(2) a. 人生にはロマンスが必要よ。
　　b. 私もすてきなロマンスがしてみたいわ。

(3) a. 彼は日本で惨めな経験をしたらしい。
　　b. 経験は最良の師である。

(4) a. さっき通りに犬がいたんだ。
　　b. 可哀相にトラックに轢かれて、犬がバラバラになっちゃたんだ。

(5) a. サラダの中にリンゴを必ず入れてください。
　　b. 私はリンゴがそれほど好きじゃない。

(6) a. 昨日鮭を釣ったんだ。
　　b. 今夜の夕食は鮭がいいな。

(7) a. <u>ビール</u>２杯ください。
　　b. 彼は<u>ビール</u>党だよ。

(8) a. ありがとう。大きな<u>助け</u>となりました。
　　b. 他人からの<u>援助</u>を期待すべきでない。

(9) a. <u>ペン</u>貸してくれる？。
　　b. この書類は<u>ペン</u>で記入するように。

(10) a. 最近日本では<u>離婚</u>が激増してるらしいね。
　　 b. <u>離婚</u>は子供に大きなショックを与えるよ。

2　問(11)〜(20)の（　）に適切な冠詞を入れよ。

(11)　He may be (　) Einstein of (　) 21st century.

(12)　Necessity is (　) mother of invention.

(13)　Kokoro is (　) work written by Soseki.

(14)　"I think his carelessness must have been (　) cause of (　) accident."
"How many others do you think there were ?"

(15)　Meeting is, in (　) sense, (　) beginning of parting.

(16)　I'm sorry, but you've got (　) wrong number.

(17)　Yesterday I had (　) light lunch with Shiori at (　) restaurant in Arashiyama, Kyoto. It was (　) old Japanese restaurant with several small pagodas in (　) garden.

(18)　"Let's go and watch (　) baseball game tonight, shall we ?"
"Sounds like (　) good idea. Which game ?"
"Well, how about (　) game between (　) Tigers and (　) Giants ?"

(19)　(　) weather was terrible on most of (　) days during (　) last journey. Particularly in Switzerland, I could see nothing because of (　) mist.

(20) Mt. Rokko at (　) back of Kobe is (　) highest peak of (　) Rokko mountains, (　) summit of which commands (　) fine view and on (　) fine day you can have (　) distant prospect of (　) mountains in Shikoku.

解答　解説

1

(1) a. Marriage is the grave of life.
- 抽象的・一般的に捉えた「結婚」です。
b. She wants to have a happy marriage.
- 彼女が描いている具体的な「結婚生活」です。

(2) a. You need romance in life.
- 抽象的・一般的に捉えた「ロマンス」です。
b. I do want to find a thrilling romance.
- 経験したいと思い描いている具体性を持った「ロマンス」です。

(3) a. He seems to have had a miserable experience in Japan.
- 彼が日本で味わった具体的な一つの「経験」です。
b. Experience is the best teacher.
- 特定の経験ではなく、「経験」という抽象物です。

(4) a. I saw a dog in the street a few minutes ago.
- 私が見かけた具体的な一匹の「犬」です。
b. The poor thing was run over by a truck and there was dog all over the driveway.
- （残酷な光景ですが）トラックに轢かれた後のバラバラになった（具体的な形を失った）「犬の肉片」です。

(5) a. Don't forget to put apple in the salad.
- サラダに入れるためにバラバラに刻んだ（具体的な形を失った）「リンゴ」です。
b. I don't like apples very much.
- 具体的な形を持った「リンゴ」をイメージしています。

(6) a. I caught a salmon yesterday.
- 私が釣った具体的な一匹の「鮭」です。
b. I want to eat salmon for supper tonight.
- 切り身として出される具体的な形を失った「鮭」です。

(7) a. Two beers, please.
- 「ビール、コーヒー、紅茶などは物質名詞なので数えられません。数えられないから、数えるときは（中学生のときこんな説明を受けて私は頭が変になりそうでした）a glass of や a cup of をつけます」と習った方が多いはずです。確かに、これらの名詞は、具体的な形を持たない物質として捉えるときは不可算名詞になりますが、パブや喫茶店でグラス、カップなどに入ったものを言うときは、具体的な形をイメージできるので、Three coffees and two teas, please.（コーヒー３つと紅茶２つお願いします）と可算名詞になります。
b. He loves beer very much.
- 具体的な形のない物質として捉えた「ビール」です。

(8) a. Thanks. That was a great help.
- 相手が実際に与えてくれた具体的な「助け、援助」です。
b. You should not expect help from others.
- 「他人からの援助」と抽象的に言っているだけです。

(9) a. Will you lend me a pen?
- 具体的な形を持った一本の「ペン」です。
b. You have to fill in this form in pen.
- 具体的な形をイメージしないで述べた、材料としての「ペン」です。

(10) a. I'm told the number of divorces has been increasing markedly in recent Japan.
- 実際に日本で起きている具体的な「離婚」です。
b. Divorce will be a terrible shock to your children.
- 抽象的・一般的に「離婚は」と論じているだけです。

2

(11) He may be the Einstein of the 21st century.
(彼は21世紀のアインシュタインになるかもしれない)

- 「a / an + 固有名詞」で「(いわゆる) 〜のような人」という意味になるのは有名ですね。定冠詞ではなく不定冠詞がつく理由は、他にもいることを前提として、「その中の一人」という含意があるからです。但し、限定語句を伴う場合は the になります。これは限定されることによって一人に特定できるからです。
- 21世紀は一つしかなく、特定できます。

(12) Necessity is the mother of invention.
(必要は発明の母である)

- 通常母は一人だけであり、特定できます。She is a child of the brave soldier. (彼女はあの勇敢な兵士の子供だ) では、兵士には子供が他にもいて、彼女は「その中の一人」だという意味になり、一方、She is the child of the brave soldier. では、彼女が「唯一の子供」だと特定されるのと同じ原理です。

(13) *Kokoro* is a work written by Soseki.
(『こころ』は漱石の作品です)

- 漱石が書いた『こころ』と言えば一つしかなく、特定できそうですが、この文は「どの作品か」を特定しているのではありません。『こころ』とは「数ある漱石の作品の一つだ」と説明しているのです。

(14) "I think his carelessness must have been a cause of the accident."
"How many others do you think there were ?"
(「きっと彼の不注意が例の事故の原因だったと思うよ」「他にはいくつ原因があると思うの?」)

- 「他にもいくつ〜」と相手が尋ねているので、話し手は彼の不注意が「複数

5 ちょっと覗いてみよう、名詞と冠詞の世界

ある原因の一つ」だと言っているのです。
- the accident に関しては問題ないですね。「話題にしている事故」に決まってます。

(15) Meeting is, in a sense, the beginning of parting.
（出会いとは、ある意味では、別れの始まりである）

- 「（他にも意味があるがそのうちの）一つの意味では」というニュアンスです。
- 物事の始まりや終わりは通常一つしかなく、特定できます。

(16) I'm sorry, but you've got the wrong number.
（番号をお間違えだと思いますよ）

- 電話番号には正しい番号と間違った番号のどちらかしかなく、「間違い電話」と言えば聞き手は特定できます。

(17) Yesterday I had a light lunch with Shiori at the restaurant in Arashiyama, Kyoto. It was an old Japanese restaurant with several small pagodas in the garden.
（昨日詩織と京都の嵐山にあるレストランで軽い昼食を取った。庭に小さなパゴダがいくつか置かれた古い日本料理店だった）

- 「朝食」「昼食」「夕食」と抽象的に述べるときは不可算名詞ですが、「軽い朝食」「たっぷりとした昼食」「おいしい夕食」といった修飾語がつくと、食事内容が具体性を帯びてくるので可算名詞として扱われます。
- 通常昼食を取ったレストランは一つだけでしょうから、特定できます。
- 「（他にもある古い日本料理店の）一つ」という意味です。
- 「昼食を取ったレストランの庭」に決まってます。

(18) "Let's go and watch a baseball game tonight, shall we ?"
"Sounds like a good idea. Which game ?"
"Well, how about the game between the Tigers and the Giants ?"
（「今夜野球観に行こうよ」「いいねえ。どの試合？」「そうだなあ。阪神巨人戦

はどう？」)

- この時点では聞き手はどの試合かまだ特定できません。
- 「(他にもいい考えがあるだろうがそのうちの) 一つのいい考え」といったニュアンスです。
- ここでは「今夜の阪神巨人戦」だと聞き手は特定できます。
- 「阪神と巨人に所属する特定の選手の集団」だからです。

(19) The weather was terrible on most of the days during the last journey. Particularly in Switzerland, I could see nothing because of the mist.
(今度の旅行ではほとんど毎日ひどい天気だった。特にスイスでは、霧のため何も見えなかった)

- 「話題にしている旅行の天候」だと聞き手は特定できます。
- 「旅行していた日々」だと特定できます。
- 「今度の旅行」といえば一つに決まります。
- 「旅行中スイスで経験した霧」であることは当然です。

(20) Mt. Rokko at the back of Kobe is the highest peak of the Rokko mountains, the summit of which commands a fine view and on a fine day you can have a distant prospect of the mountains in Shikoku.
(神戸の背後にある六甲山は六甲山脈の最高峰で、山頂からの眺めは素晴らしく、晴れた日には四国の山々も遠望できます)

- 「神戸の背後」は一つしかなく、特定できます。
- 「最高峰」も一つだけです。
- 「六甲山を中心とした山々の集合」だと特定できます。
- 「六甲山の頂上」は一つしかありません。
- 一般に、素晴らしい眺めは一つだけではありません。「そのうちの一つ」と言っているのです。
- 晴れた日も一日だけではありません。「そのうちの一日」というニュアンスです。
- 遠望も一つだけではありません。

● 「四国にある山々の集合」だと特定できます。

英語についてもっと知ろう

> **Q. 1** 「言葉は記号である」と聞いたことがあります。もう少し具体的に教えてください。

Ans. 　言葉は信号や標識やベルと同じく記号です。そもそも、記号とは何らかの知覚的表象（色、形、音など）によって意味を表したものです。言葉は意味を「（一列の）音」や「形」で表すので、まさに記号以外の何物でもありません。

　言葉が記号であるという点について、もう少し詳しく説明しましょう。本来、記号とそれが意味するものとの間には、何ら必然的な関係はなく、ただの偶然にすぎません。例えば、信号機の「赤」は「止まれ」を意味しますが、暫くの不便さえ我慢すれば、これを「紫」に変えて「止まれ」を意味するようにしても構わないのです。言葉もまったく同じです。日本語では雪を「ユキ」という音で表しますが、この雪と「ユキ」の間には何ら必然的な関係はなく、「アメ」と言ってもいいわけです。その証拠に、英語になると「ユキ」ではなく、snow[snóu] という音で表されます。

　言語において「音」と「意味」が無関係だという性質は、言い換えれば、語（symbols）とそれが指し示す事物（things）との間には何ら必然的な関係は存在しないという性質は、**「言語記号の恣意性」**と呼ばれています。

　では、その関係はまったくでたらめなものなのでしょうか？もしそうであれば、語という記号を用いてコミュニケーションを行うことはできなくなってしまいますね。少なくともコミュニケーションを行う者

どおしの間で、同じ記号であれば常に同じ事物を指すという共通の合意（common agreement）が存在しなければ、知識や経験の伝達、すなわち、文化の伝承は不可能となってしまいます。

かくして、人間は同一の言語システムによって包摂された言語共同体を形成し、この共同体に生まれ育った人は、その言語における common agreement を幼児の段階から意識的・無意識的に習得していきます。そして、合意された meaning（意味）を持った symbol（記号）を合意された grammar（文法）に従って操作することにより、コミュニケーションを行っているのです。

Q.2 将来海外を舞台にビジネスを展開したいと考えている大学生です。言うまでもなく、その成功のためには英語のコミュニケーション能力の向上が不可欠だと思います。コミュニケーション能力を磨くには、語彙を増やす以外にどういった点に心がけるべきでしょうか？

Ans. 外国語によるコミュニケーション能力とは何でしょうか。通常、それは「異文化間における外国語を用いた自然で適切な意思伝達能力」と定義されています。もちろん、語彙力がこの能力を形成する一つの要素であることは否定できません。

ここで、コミュニケーション能力を更に分析してみましょう。コミュニケーションは「非言語的（nonverbal）領域」と「言語的（verbal）領域」から成り立っています。前者に含まれるのが、「身振りやジェスチャー」「慣習や常識などの社会的規範」です。実は、英会話能力向上に情熱を注いでいる方たちの多くが認識されていないのですが、コミュニケーションを成功させる上で、この非言語的領域は言語的領域以上の決定要因になります。正しい発音で美辞麗句を並べ立てても、身振りや所作が相手の文化圏では嫌悪、侮蔑、性的イメージなどを連想させるものであったり、恥ずかしいからという理由で、相手の目を見て話すという社会規範を無視すれば、私的な交際においても、ビジネスの場でもコ

ミュニケーションは失敗に終わってしまうからです。

　一方、**言語的領域は、「語彙力」の他に「文法能力」「機能能力」「談話能力」**から成り立っています。語彙力は戦いにおける食糧・弾薬に等しく、これがなければ意見の表明や交渉の入口にも臨めません。ただ、ご指摘にもあるように、語彙力はコミュニケーション能力の一部にすぎません。語彙を一定の規則に従って正しく配列する能力、つまり、「文法能力」がなければ文を形成できず、したがって、事柄の伝達はできません。

　更に、人が事柄を伝えようとするときは、客観的な事実を淡々と報告するのではなく、ほとんどの場合何らかの意図や目的が含まれています。例えば、普段たわいもない話ばかりしていた女の子が、突然、あなたの目を見つめて、I'm free tomorrow. と言えば、「私は明日暇です」という事実を無目的に伝えようとしているのではなく、「誘って欲しい」というメッセージを発しているのです。そんなとき、Congratulations！（おめでとう）などと応答すれば、相手はバカにされと感じたり、恥をかかされたと思うでしょう。このように、「機能能力」とは、相手がその表現に込めた「依頼」「勧誘」「苛立ち」「皮肉」「謝罪」「要求」などのさまざまなメッセージを読み取る力のことであり、これがなければ円滑なコミュニケーションは妨げられてしまいます。

　また、「司会をする場面」「商品のプレゼンテーションをする場面」「友人宅でのパーティーの場面」「病院で病状を説明する場面」等、社会生活の営みにはさまざまな場が存在しています。例えば、会議や講演会で意見を表明するとしましょう。「テーマおよび争点の明確化→自説の主張→それを支える根拠→反対説への批判→それを支える根拠」と話を展開していかなければなりません。その間に、例証、反復、強調、理解の確認といった会話の手法も必要となってきます。「談話能力」とは、このような種々の場面で、一連の典型的な言語活動を駆使して適切に会話を遂行できる能力のことです。

　以上、何語を用いてであれ、**異文化間でのコミュニケーション能力を**

高めるためには、こうした「非言語的領域」と「言語的領域」の双方で学習を続けていかなければなりません。

> **Q.3** アメリカに1ヶ月間ホーム・ステイした大学の友人が、「英語なんて文法を知らなくても通じる」と言っていました。実は、私もそう思います。現在英会話学校にも通ってますが、実際話しているときは、文法のことなんて考えてません。だって、そんなことに拘っていたら、英語なんて口から出て来ませんから。外国人とどんどん話すことによって英語に慣れていく、これが上達の一番の決め手だと思います。だから、高校の授業や大学受験もあまり役に立たない文法はやめて、もっと外国人とコミュニケーションを図れる内容にすべきです。

Ans. ご質問というか、ご指摘には一面の真理と共に、大きな誤解が含まれていると思います。確かに、日本にいながらネイティブ・スピーカーと話す機会を多く持つことは（相手のレベルによって大きく左右されますが）、その言語のスピーキング・リスニング力をある程度高めてくれるでしょう。それに何よりも、欧米人と接するときに概して日本人に欠けているある種の「度胸」も身につきます。

　しかし、あなたの友人が仰るように、本当に文法を知らなくても英語（もちろんどの言語についても言えることですが）は通じるのでしょうか？問題は通じさせようとする内容にかかっていると思います。店員に品物の値段を尋ねたり、友人とバカ騒ぎをするときは、単語を適当に並べたり、大きな声で単語を発するだけでコミュニケーションの目的は達成できるでしょう。でも、大学や地域社会で、招かれたパーティーや友人宅で、「日本とはどういった歴史を持つ国なのか？」「現在社会や学校でどんな問題が起きているのか？」「安楽死問題をどう思うか？」「どんな生き方をしたいか？」等の質問が発せられたら何と答えますか？また、誤解によって相手から非難されたり、訴えられたりしたら如何に対処するのでしょうか。単に単語を発するだけで、あなたの切実な心情を伝えることができないのは明白ですね。ご友人には失礼ですが、そういった

内容のコミュニケーションは必要なかった、もっと言えば、彼（彼女）の語学力からそういった会話内容は期待できないので、相手も尋ねなかっただけだと思います。母国語であれ、外国語であれ、およそ言語活動においては、その人の運用能力に見合ったレベルでしかコミュニケーションは行われないという自明の理を忘れてはいけません。

　狭義の文法とは「語の配列に関する規則」であり、John loves Mary. という配列を作れること自体、単に単語を発したのではなく、文法を知り、その法則に従っている証拠なのです。文法を無視するということは、第一に、語の配列を無視することであり、Mary loves John.（メアリーはジョンを愛しています→これだと意味が逆になってしまいますね）でも、Love Mary John.（メアリージョンを愛せよ→命令文になってしまいます）でも、Mary John loves.（メアリージョンは愛している→意味不明ですね）でも構わないということです。このように、わずか3語の配列を変えるだけで、文は意味上の変化を受けたり、理解不能に陥ってしまいます。これが、10語、20語の配列を無視するとなれば、聞いたこともない宇宙語と変わらなくなってしまうでしょう。いや、そこまでは言っていないと反論するのであれば、その抗弁自体今度は文法の必要性を認めていることになります。

　言語の本質的機能は事柄を伝達することにありますが、伝えたい事柄はさまざまな要素から成り立っています。狭義の文法はそれらの要素をどう配列するかに関わる規則だと述べましたが、その規則を身につけるだけでは満足のいくコミュニケーションを図ることはできません。学校で「文法」と呼ばれている「意味のレベルでの運用」能力が必要となってきます。例えば、John loves Mary. という事柄には John という「主体」、Mary という「客体」が含まれていますが、事柄には「それがいつ起きるのか」という時間的枠組（時制）、「発話時には終了しているのか、続いているのか」という行為の全体か一部かを表す枠組（相）、その事柄が「現実世界」と「仮想世界」のどちらの現象だと話し手は考えているのかを表す枠組（法）等が必要となってきます。実は、John loves

Mary. の動詞 loves には、そうした「事柄の性質」を表す情報が含まれているのです。つまり、語の配列のみならず、広い意味での文法的枠組を理解していなければ、事柄の正確な伝達はあり得ないということです。

また、人間は感情的動物であり、賞賛、憐憫、後悔、怒り、皮肉、非難といったさまざまな感情的色彩を事柄につけ加えます。当然、それらの表現形式にも決まりや約束事はあり、もし知らなければ自分の気持ちを伝えることも、相手の気持ちに触れることもできず、味わい深いコミュニケーションなど到底不可能でしょう。

更に、英語には日本語のような格助詞がないため（例：「私が」の「が」）、名詞が文中で主語と目的語のいずれの働きをするかは動詞を挟んだ語順によって決定されますが、名詞が担う役割のすべてが配列だけで解決できるわけではありません。名詞は「主語」「目的語」「補語」になれると学校で教わりますが、前置詞（日本語の助詞に相当します。但し、助詞は名詞の後に置かれるので後置詞です）と結びつき、「対象」「目的」「利益」「理由」「位置」「方向」「範囲」「道具」「手段」「行為者」「付帯」「支持」「敵対」「起点」「到達点」等さまざまな役割を文中で担うことができます。そして、これらの表現も文法的枠組の一つであることは否定できません。

以上、ほんの少し例を挙げただけでも、事柄の伝達には、正確さを期すれば期すほど、その母語話者と共通した枠組の習得が不可欠であることがわかっていただけたと思います。

言うまでもなく、外国語学習における「話す・聞く」要素の重要性を否定するつもりはありません。文法的ミスを恐れていたら、口から言葉が出なくなり、円滑なコミュニケーションができなくなるのも事実です。ただ、それは文法をまったく知らなくても、また、一切無視してもすべて言いたいことは伝えられるということでは決してありません。**原始人に近い会話から脱却するためには、その言語集団に特有の約束事や規則性は身につけなければならないのです。**

> **Q. 4** 私の通っている英会話学校では、Thinking in English（英語で考える）をモットーとしていますが、私はいつまで経っても英語で考えることができません。何を言うにしても、まず日本語で考え、それを頭の中で英訳してから話しています。当然、それだけ会話の間合いも長くなり、相手が苛々(いらいら)しているのではないかと不安になってしまいます。どうしたら英語で考えることができるようになるのでしょうか？

Ans. うーん、難解なご質問ですね。何しろ、私自身そんな離れ業はできないからです。ある高名な武道家は、「器用さとは死に物狂いの繰り返しによって得られる身体の習慣である」と言いましたが、もし、Thinking in English というものが脳を含めた身体の習慣ならば、それをノン・ネイティブがネイティブと同じレベルで扱えるようになるには、やはり死に物狂いの繰り返しが必要となるのでしょう（それでも至難の業でしょうが）。

　もちろん、一口に「英語で考える」と言っても、個人差のみならず、さまざまなレベルの伝達内容があり、すべてが可能とも不可能とも言い切れないと思います。例えば、"Is snow white?" "Yes, it is." / "How are you?" "Very well, thank you." 程度であれば、繰り返すことによって帰国子女でない方も条件反射的に身につけられるでしょう。しかし、日本人の価値観・死生観・歴史観などについて述べようとするとき、日本語の母語話者がまず英語で考えるという倒錯した思考ができるかどうか私には疑問です。無論、そこで使われる個々の表現の中には、それまでの反復によって脳に染みつき、反射的に出てくるものもあるでしょう。しかし、「言語はそれを使用する者の思考様式を左右する」という動かし難い事実を前提とする以上、如何なる伝達内容においても、母国語を一切排し、慣れない外国語で思考活動を行えるというのは、まさに「神の業」だと思います。

6 英語についてもっと知ろう

> **Q. 5** どうして英語には have や get などの基本動詞を使った表現が多いのですか？正直に言って、多すぎて悩んでいます。とても覚え切れません。

Ans. 日本人にとって基本動詞表現の習得はなかなか乗り越えられない壁のようです。その原因の一つは、基本動詞を用いた表現は、他とは比較にならないほど使用頻度が高いため、その数が膨大に感じられるからです。基本動詞と他の関連語との頻度比較は、詳しくは *Word Frequencies in British and American English* (K. Hofland and S. Johansson, Longman) を見ていただければわかると思いますが、例えば、give, keep, hold, take は、それぞれの関連語である contribute, maintain, grasp, receive の 5〜10倍の頻度で使用されています。

では、どうして基本動詞は使用頻度が高いのでしょうか。それは、**イメージの広がり、すなわち、意味の広がりが大きいから**です。具体例として、have を挙げてみましょう。中学生以上であれば、誰もが「持っている」と訳せますね。しかし、「持っている」と言うとき、その対象は現実に手に持っている物だけを指すわけではありません。I have a car.（私は車を持っている）のように、自ら所有している物であれば、たとえ今手に持っていなくても、「持っている」と言えますね。では、所有空間に入る対象は物だけでしょうか？そうではないはずです。

(1) He *has* seen the movie star three times on the street.
（彼は街であの映画スターに3回会ったことがある）

(2) I've *never had* so many people trying to do things for me.
（こんなに沢山の人たちが手伝ってくれることなんてなかったわ）

のように出来事や状況も自己の領域に所有できるからです。更には、「人間」を自己の所有空間や経験領域に持つことも可能です。

(3) I'm afraid he *has had* you.
（彼はあなたを自分の領域に取り込んでいた→彼あなたのこと騙してたのよ）

　このように、**基本動詞のイメージはさまざまな方向へと広がっていきます**。「だったら無限に覚えなきゃいけないじゃないか」と反論されそうですが、安心してください。機械的に詰め込む必要はありません（いや、詰め込んではいけません）。**イメージは覚えるものではなく、感得するものだからです**。それに、広がるとは言いましたが、その広がりは無制限ではありません。**中核となるイメージは決して変化を受けないからです**（例えば、haveが「捨てる」、giveが「受け取る」、takeが「与える」というイメージを持つ可能性はありません）。

6 英語についてもっと知ろう

> **Q. 6** 学校で基本5文型というものを習いましたが、英語にはなぜこのような文型が存在するのですか？これは日本人が英語を理解する際に役立つよう考え出したものですか？

Ans. 中学や高校で必ず覚えさせられる SV / SVC / SVO / SVOO / SVOC といった基本5文型は、Onions（1873 – 1965）というイギリスの英語学者が提唱したものです。日本では明治期以降学校教育に導入され、現在まで引き継がれています（今日基本5文型を見直し、基本7文型にすべきだという主張もあります）。

では、どうして基本5文型なる分析枠組が英語において考案されたのでしょうか。その理由は、英語が持つ構造上の特徴に求められると思います。

Q. 3でも触れたように、英語には文中において名詞が主語として働くのか、目的語として働くのかを明示する手段がありません。例えば、ラテン語では、名詞の語尾を屈折させ（変化させ）ることによって、主格（主語）や対格（目的語）としての機能を付与していたので、名詞の語尾を見ればその働きが即座に理解できました。また、日本語では、名詞の後に助詞をつけることにより、語順に拘ることなく文中での働きをはっきりさせることができます（例：「健二が純子を追いかけた」であれ、「純子を健二が追いかけた」であれ、健二が主語で純子が目的語だとわかりますね）。

一方、現代英語には名詞の屈折も、主語と目的語の役割を明示させる助詞も存在しません。そうすると、**残すは前置詞を導入するか、語順で決着をつけるかしかなく、英語は後者を選んだのです**。つまり、動詞の前（左側）に来る名詞が主語、後（右側）に来る名詞が目的語、更にその後にもう一つ名詞が置かれると新たな目的語か補語といったようにです。かくして、文を構成する要素を整理する必要が自覚され、SV / SVC / SVO / SVOO / SVOC といった基本形が提唱されたのだと思いま

す。

> **Q. 7** I gave my wife a diamond ring. / I gave a diamond ring to my wife. では、結局どちらを使っても構わないのですか？

Ans. 　中学校や高校では、SVOO（第4文型）から SVO（第3文型）＋ to / for への書き換えを同意表現として機械的に教えています。その結果、大学を卒業した人も、両者は100％同意であり、すべての場面でどちらを使ってもいいと信じ込んでいるようです。

　ここでは、まず、I gave my wife a diamond ring. と I gave a diamond ring to my wife. は、同じ事実を述べていながら、情報構造（何に情報価値を置いているか）が異なっているという点について説明します。

　英語では「**文末焦点の原則**」（end-focus）といって、旧情報から新情報へと情報が流れていくのが一般的です。つまり、話し手と聞き手が既に知っている情報を主語として、そこに新しい情報をつけ加えていくという原則です。相手の知っている情報から始め、情報価値の高い新しい情報を後に置くほうが、聞き手の心理に安定を与え、聞き落としの心配も少なくなるという機能的なメリットがあるからでしょう。I gave my wife a diamond ring. では a diamond ring が、I gave a diamond ring to my wife. では to my wife がそれぞれ新情報となっています。

　なぜ、そうした相違が生じるのでしょうか？それは、**情報として何が求められているのかが異なるからです**。言うまでもなく、人が文を発する場合、相手が発した文に対応する形で行われます。a diamond ring が新情報の位置に置かれているのは、<u>What</u> did you give to your wife？という発問に答えているからであり、to my wife が新情報になっているのは、<u>Who</u> did you give a diamond ring to？という問に応じているからです。このように、**何が求められているかによって文の形式（構造）を変えなければ、不自然な情報構造を持った英文になってしまうので注意してください**。

但し、新情報は常に文末の語句に限られるわけではありません。**発問内容によって、新情報の範囲は異なってきます。**例えば、

(1) "Any suggestion for tomorrow ?"
(明日に向けて何か提案はありますか？)

"They should complete the work first."
(まず彼らがその仕事を完成させるべきです)

(2) "What are you going to do tomorrow ?"
(明日は何をするつもり？)

"I'm going to the National Stadium."
(国立競技場に行くんだ)

(3) "Where are you going tomorrow ?"
(明日どこへ行くの？)

"I'm going to the National Stadium."
(国立競技場に行くんだ)

では下線部がそれぞれ新情報を担っています。

また、**焦点（新情報）が文中に生じたり、文頭に置かれることもあります。**

(4) "You aren't going to get married, are you ?"
(あなたたち結婚しないんでしょ？)

"Yes, we are going to get married."
(いや、僕たち結婚するよ)

(5) "Who broke this brick wall ?"
(この煉瓦の壁を壊したのは誰だ？)

　　　　"Tom did."
　　　　(トムだよ)

　(6)　"What did you say ?"
　　　　(なんて言ったの？)
　　　　"Your telephnone is ringing."
　　　　(君の電話が鳴ってるよ)

などがその一例です。(4)では対比の目的で、(5)ではできるだけ早く情報を伝えたいという理由で、(6)では述語内容が主語から一般的に予測できるため、主語のほうに情報価値があるという理由で焦点（新情報）が置かれています（もちろん、焦点になっている語句は強く、はっきりと発音します）。

> **Q. 8**　I told my daughter a sad story. / I told a sad story to my daughter. などの第4文型と第3文型は本当に同じ意味なのですか？文の構造上の違いが意味に何らかの影響を及ぼさないのでしょうか？

Ans.　引き続き同種のご質問を取り上げました。但し、前問では、文構造が違えば情報構造も異なるという点に焦点を当てましたが、ここでは意味の相違について説明します。記号の配列によって意味を表すという言語の本質からいって、構造と意味は不可分だからです。
　まず、言語学習者は、「表現が異なれば必ず意味に違いが生じる」という言語上の「不変の真理」を肝に銘じていなければなりません。2つの異なる表現が100％同じ意味なら、言語上の不経済が発生し、どちらか一方は消える運命を辿ります。ほとんど同意にしか思えない表現も、その双方が存在しているということは、たとえ同じ事実を表していても、必ず意味上の差異が存在することを物語っています。
　では、SVOO と SVO + to / for では意味上のどのような違いがあるの

でしょうか。二重目的語構文（SVOO）を作れる動詞は、第3文型へ転換した場合、give, send, tell, teach, throw, carry, promise, assign のような to 型動詞（授与・送付・伝達・投与・運搬・約束・割当動詞）と、make, build, cook, play, sing, dance, buy, get, find, catch, gain などの for 型動詞（創造・獲得動詞）に大別できますが、どちらのタイプも基本形は SVOO ではなく、SVO + to / for です。それは、「与える」であれ、「買ってあげる」であれ、何を与えたのか、何を買ってあげたのかが動詞と目的語との第一の結びつきだからです（だからこそ直接目的語です）。そして、「～に」という to / for～の部分は、直接目的語の「移動先」「伝達先」「受益者（誰のために）」を新情報として強調する役割を担っています。

一方、**二重目的語構文はこの基本的配列を操作した構文であり、その操作から生じるものは「影響の解釈」**（affectedness interpretation）**とか「have 関係」と呼ばれています**（福田稔「二重目的語構文」『英語学へのファーストステップ　英語構文論入門』英宝社　2000年）。ご質問の文で説明しましょう。

(1) a.　I told my daughter a sad story.
　　b.　I told a sad story to my daughter.

上の2文は、「私が娘に悲しい物語を聞かせた」という事実を表している点では同じです。しかし、「私が悲しい物語を聞かせる」という行為の影響を娘が受けたかどうかという点では異なっています。a には、「悲しい物語を聞かせた結果、娘は感じ入った」という含みがあり、b にはそういった含みはなく、物語の伝達先が娘であることを強調しているだけです。したがって、I told a sad story to my daughter, and she was moved to tears. よりも、I told my daughter a sad story, and she was moved to tears. のほうが自然な流れとなります。

このように**二重目的語構文は、行為の結果、間接目的語が影響を受け、**

直接目的語を「所有」「受領」「学習」「知覚」「認識」したことを意味しています。この点を二重目的語を取る他の動詞からも確認しておきましょう。

(2) a. Kathy sent the box to Jim.
　　b. Kathy sent Jim the box.

a の to Jim は、キャシーが送った箱の「移動先」がジムであることを表しており、一方、b ではジムが送られた箱を受け取ったこと、つまり、箱がジムの所有に入ったことを意味しています。したがって、

(3) 　Kathy sent the box to Jim, but he hasn't received it yet.

は可能でも、

(4) 　Kathy sent Jim the box, but he hasn't received it yet. →×

は認められません。だとすれば、

(5) a. Kathy sent the box to Tokyo.
　　b. Kathy sent Tokyo the box. →×

もその理由がわかりますね。東京が箱の移動先になる a の文は適格でも、東京が箱の受領者や所有者になる二重目的語構文の b は不適格だからです（文脈上 the Tokyo Metropolitan Government Office ＝東京都庁の意味に解釈可能なら容認されますが）。

(6) a. She gave her son a kiss.
　　b. She gave a kiss to her son. →×

6 英語についてもっと知ろう

ではどうでしょうか。息子はキスという行為を受け取れるので二重目的語構文は適格ですが、キスを息子に移動させるというｂの状況はまず考えられませんね。

以上、二重目的語構文を例に挙げ、「**文構造（表現形式）の違いは、必ず意味の違いを生じさせる**」という言語上の真理の一端を述べさせていただきました。

> **Q.9** 英文を書くとき、能動態にすべきか、受動態にすべきかわかりません。頭に浮かんだ日本語に忠実に従えばいいのでしょうか。

Ans. 頭に浮かぶ具体的な日本語がわからないので、それにはコメントできませんが、一般的に言って、どんな場合にも受動態を使えるわけではありません。中学や高校では、「能動態」から「受動態」への無意味な書き換えをさせますが、百害あって一利なしです。はっきり言って、受動態は本来必要のない形態です。「必要がない」という表現は不適切かもしれませんが（必要があるから存在しているので）、能動態で何の無理もなく表せるのに、受動態にすることは避けなければなりません。**能動態では表現しにくい場面でこそ、受動態の存在価値があるのです。**

では、なぜ受動態を使うのでしょうか。その理由を具体的に見ていきましょう。

① 文脈上話題となっているものを主語で引き継ぎ、新情報を文末に置くという「文末焦点の原則」があるから。

(1) "Where have those eggs gone ?"
（あの卵どこに行ってしまったの？）
"They *were* all *eaten* by a neighbor cat.
（近所の猫にみんな食べられたわ）

② 複雑な構造の文は文末に置くという「文末重点の原則」(end-weight) があるから。構造上複雑な文は通常情報価値が高いので、新情報は文末に置くという文末焦点の原則とも一致します。

(2) a. The fact that Hiroshi has decided to marry Junko next year has shocked me.
（博が純子と来年結婚する決意を固めたという事実に私はショックを受けた）

という文は、

b. I've *been shocked* by the fact that Hiroshi has decided to marry Junko next year.

とするほうが自然です。

③ 誰が言ったのか知らない・言いたくない・言う必要がない場合があるから。

(3) My wallet *has been stolen* (by someone).
（財布が盗まれた）→「誰かによって」に決まっています。ただ、犯人はわかりません。

(4) My wallet *has been stolen* (by Hidemitsu).
（財布が盗まれた）→たとえ「秀充」が犯人だとわかっていても、言いたくないときもありますよね。

(5) English *is spoken* in Canada (by people there).
（カナダでは英語が話されている）→「カナダの人たちによって」など言う必要ないですね。

では、次の文はどうでしょうか？

(6) This fact *should be reported* to the president and then the meeting to talk about it *should be called*. Also, before the meeting, some measures *should be considered*.
（この事実を社長に報告し、討議するための会議を招集すべきだ。また、会議の前に何らかの対策を考えなきゃならん）

最初の受動態を能動態に変えると You should report this fact、2番目は you should call the meeting to talk about it、3番目は you should consider some measures となります。これらの文では行為者はわかっており、また言いたくないわけでもないですが、能動態を使うと You, you, you の繰り返しとなり、それを避けるために受動態が使われているのです。

④ 叙述に客観的な印象を持たせる必要があるから。

例えば、自分の発言内容に自信がないときや、人間的な要素をなるべく排除して記述する学術論文などでは受動態が見受けられます。

(7) It *is said* that marriage is the grave of life.
（結婚は人生の墓場だと言われているよ）
(8) Enough *has been said* here of the relations between poverty and communism.
（貧困と共産主義との関連性についてここでは詳述した）

以上、受動態が使われる主要な場面を紹介しました。最後にもう一度繰り返しますが、**必要性がないときは受動態を使うべきではありません。**まして、能動態と受動態を機械的に書き換えてもまったく同じ意味で、

どちらを使ってもいいと考えるのは論外です。

> **Q. 10** 以前大学の講義で、文によっては受動態にできないものがあると聞いたことがあります。目的語を含まない文が受動態にできないのは当然ですが、それ以外にどんな場合があるのですか？

Ans. 能動態から受動態への書き換えを機械的にさせることの最大の弊害が、能動態に目的語さえ含まれていれば、すべて受動態に書き換え可能だと学習者が信じ込んでしまうことです。Q. 9ではなぜ受動態が使われるのかを説明しました。ここでは、もう一歩踏み込んで、受動態にできない文について述べたいと思います。

さて、(1)〜(5)の各a, bの英文を比べてみてください。どちらか一方は妙ちきりんな受動態です（和訳は直訳しています）。

(1) a. This university *was visited* by Mr. Sakakibara five years ago.
   （この大学は5年前榊原氏によって訪問された）
   b. This university *has been visited* by Einstein.
   （この大学はアインシュタインによって訪問されたことがある）

(2) a. The mountain *was climbed* by my girlfriend last year.
   （その山は昨年僕の彼女によって登られた）
   b. The mountain *is climbed* by so many people every year.
   （その山は毎年多くの人によって登られている）

(3) a. Tokyo *must be reached* by all of us by the day after tomorrow.
   （明後日までに東京は我々全員による到達を受けなければなら

b. The agreement *must be reached* by all of us by tomorrow.
(明日までに我々みんなによって合意が達せられなければならない)

(4) a. This river *was swum* in by Shiori yesterday.
(この川は昨日詩織によって泳がれた)

b. This river *has been swum* in by so many people that it is not so clean as it used to be.
(この川は今まで非常に多くの人に泳がれたので、昔ほど澄んでいない)

(5) a. This room *was slept* in by Yoshiko last week.
(この部屋は先週佳子によって眠られた)

b. This room *was slept* in by the suspect last week.
(この部屋は先週容疑者によって眠られた)

答はすべて a が奇妙な受動態です。はっきりわからなかった人でも、何となくそう感じませんでしたか？

では、どうして a が奇妙なのでしょうか。その理由は受動態が持つ本質的な意味と関わっています。すなわち、**受動態が使われるためには、（受動態の）主語が動作主（by～）の行為によって何らかの影響（プラスであれマイナスであれ）を受けなければならない**からです。具体的に見ていきましょう。

(1) 榊原という個人が大学を訪問しても、その大学は何の影響も受けません。一方、20世紀の偉大なる物理学者アインシュタインの場合は、たとえ個人であっても、訪問を受けた大学にとっては非常な栄誉であり、その地位と名声は影響を受けます。

(2) 山が話し手の彼女によって登られても何の影響も受けません。しかし、毎年多くの人に登られているなら、環境・衛生・景観などの面で影響を受けるはずです。
(3) 東京という目的地は我々みんなの到達を受けても、その存在が影響を受けることはあり得ません。他方、合意は我々による議論や討議の影響を受けて達せられるものです。
(4) 詩織という個人が泳いでも、川はまったく影響を受けません。それに対して、水が以前の透明度を失うほど多くの人に泳がれたというのは大きな影響です。
(5) 先週佳子が眠ったところで部屋は一切影響を受けません。しかし、部屋に容疑者が眠ったのであれば、指紋・毛髪等の証拠が残っている可能性があり、部屋は影響を受けています。

どうですか？皆さんの中で今まで無機質だった受動態が、生命を持った有機体へと近づいたことを祈りつつ筆を置きます。

7

英語らしく話したーい

> **Q.** 現在英会話学校に通っている大学生ですが、いつまで経っても発音が英語らしくなりません。外国人のように滑らかに話すコツを教えてください。

Ans. まず、外国人（もちろん、英語のネイティブ・スピーカーを指しているのだと思いますが）と同じ発音・速度で、まったく言い淀むことなく英語を話さなければならないという誤った強迫観念は捨ててください。そんな必要は絶対ありません。コミュニケーションにおいて最も重要なのは「内容」です。互いの心が通い合い、また、知的興味が刺激され、教養を高め合うコミュニケーションを理想とすべきであって、ネイティブとまったく同じ発音ができても、ブランド物を買い漁るのが精一杯では誰も真剣に相手にしてくれません。まるで日本人のように日本語の発音ができるアメリカ人がいたとしても、彼（彼女）が話す内容が年がら年中夜の六本木と変わらなければ、そんな奴は尊敬されないのと同じです。要は、外国語能力とは「中身を伝えてなんぼ」のものです。

とは言っても、どうせ話すならアメリカ人やイギリス人のように話してみたいという英語学習者の儚い（⁉）願望は否定しません（当然、私にもあります）。ここではそうした願望に少しでもお答えすべく、英語を話すときの規則を12個紹介しましょう。

どの言語にも音韻上の規則性が存在します。実は、ネイティブ・スピーカーは母国語独自の規則性に則って発声を行っているだけなのです。もちろん、その規則は無限ではありません（もし、無限に広がっていくなら、ネイティブ間でもコミュニケーションは不可能になってしまいます）。英語でもそうした規則を守って会話をすれば、ぐーんと「英語ら

しく」聞こえること請け合いです。

　また、当然、話す際の規則が身についているということは、相手の英語も聞き取れるという効果をもたらしてくれます。後は、シャドウイング（ネイティブ・スピーカーが話す後をまったく同じ速度で、同じ発音で話していきます。冠詞や３人称単数のｓさえ落としてはいけません。シャドウ＝影は本体と違った動きは絶対取れないからです）や音読訓練を通じて日々磨きをかけていってください。

　では、始めましょう

規則1　内容のある者は強く、ない者は弱い。

　英語は文中で強く発音される語と、弱く発音される語がはっきりしています。強弱の波が日本語よりも大きいため、英語はリズム感溢れる言葉に聞こえ、日本人には追いて行き難いビートを形成しているのです。次の文を読んでみてください。

(1)　An apple a day keeps the doctor away.
　　（毎日リンゴ１個で医者要らず）
(2)　I hope you will like this present.
　　（このプレゼントを気に入っていただけると思います）

　「日本人らしく」発音すると、「アナップル　アデイ　キープス　ザ　ドクター　アウェイ」「アイ　ホープ　ユー　ウイル　ライク　ザ　プレゼント」とすべての単語に強弱がない一本調子になってしまいます。でも、ネイティブは決してそんな読み方はしません。実際には、各語に強弱をつけて次のように発音します。

　　"a **napple** a **day keeps** th(e) **docto raway**"
　　"I **hope** you'll **like** th(e) **present**".

では、どういった語が強く、また弱くなるのでしょうか。通常次の品詞は「弱く、速く」発音されます。

「冠詞、代名詞、前置詞、助動詞、be動詞、接続詞、関係詞」

これらの品詞は**「機能語」**と呼ばれ、立派に文法的機能を果たしていますが、情報量が少なく、もし聞き取れなくても文脈から推測しやすいからです。それに対して、

「名詞、動詞、形容詞、副詞、疑問詞」

は、「強く、ゆっくり」発音されます。これらの品詞は**「内容語」**と呼ばれ、伝えたいと思う情報が多く含まれており、もし聞き取れなければ内容が伝わらなかったり、大きな誤解を招くおそれがあるからです。
　もちろん、「機能語」であっても、「対比」や「強調」などの文脈上の理由があれば強く発音されます。

(3) "Aren't we going to carry out this project, boss？"
　　（この計画は実行する予定じゃないのですか？）
　　"Yes, we **are**."
　　（いや、実行するよ）
(4) I **will** make you see.
　　（絶対お前にわからせてやる）

といったようにです。
　では、最後に少し練習してみましょう。強弱をはっきり意識して読んでみてください。

(5) **What kind** of **sport** do you **like best**？

(6) **What** would you **like** to **have** for **lunch**?

(7) We are **having** a **party this weekend**. Won't you **join** us?

できましたか？簡単ですね。

規則2　最後の破裂は破裂しない。

　破裂音とは口の中で息をいったん止めて、その後一気に出す音のことです。英語には [p][b]（唇を閉じてから破裂させる）、[t][d]（舌の先で上の歯茎の裏を叩く）、[k][g]（舌を寝かせ、口を開けたまま口から息を出す）という破裂音があります。皆さんの中には、これまで up［アップ］、job［ジョブ］、what［ワット］、mind［マインド］、look［ルック］、dog［ドッグ］と最後まで気張って発音していた方も多いのではないでしょうか？しかし、これらの破裂音が語尾に来たときは十分な破裂が起きず、そのため音が聞こえにくくなります。

　但し、up［アッ］、job［ジョ］、what［ワッ］、mind［マイン］、look［ルッ］、dog［ドッ］と完全に消えるのではなく、口の形や舌の位置は発声するときとほぼ同じようになっています。あくまで、破裂が十分に起きず、聞こえるか聞こえないかぐらいの弱さで発音されるため、「消えたように」感じるのです。

　それでは、練習してみましょう。十分な破裂が起きない箇所を（　）で囲んでみてください。

(1) Without your help, I wouldn't have been able to find the present job.
（あなたの助けがなかったら、私は今の職に就くことができなかっただろう）

(2) I'm dog-tired. Why don't we take a break?
（もうくたくただよ。休憩取ろうよ）

(3) Look out ! You must watch your head !
(危ない！頭上に注意しろ！)

(4) Put down your weapons, and nothing will happen.
(無駄な抵抗はよせ。そうすれば何もしないから)

(5) We've got good news. Guess what ?
(いい知らせがあるんだ。当ててごらん)

正解は以下です。

(1) Without your hel(p), I wouldn't have been able to fin(d) the presen(t) jo(b).
(2) I'm do(g)-tire(d). Why don'(t) we take a brea(k) ?
(3) Look ou(t)! You mus(t) watch your hea(d)!
(4) Pu(t) down your weapons, an(d) nothing will happen.
(5) We've go(t) goo(d) news. Guess wha(t) ?

なお、without your, wouldn't have, take a, Look out の t, t, k, k は後の母音とリエゾン（連結）するため、消えません（後ほど改めて取り上げますが、your の y は「半母音」という母音です。また、have の h はしばしば脱落して ave[əv] と発音されるため、前の語末の子音とリエゾンします）。したがって、

(1) Without your / wouldnt' (h)ave

(2) take a

(3) Look out

となります。そうすると、I'll take it out.（持ち帰りにします）なんて楽勝ですね。そうです、I'll take it ou(t). でいいのです。ほら、随分英語らしくなったと感じませんか？

規則3　隣の似た子は消える。

　正確には、この規則は音が「消える」と言うよりも、「つながる」と言うべきですが、隣り合う2つの子音が同じ音、もしくは近い音の場合（調音点が同じ、もしくは近いとき）、前の子音は脱落して「消えたように」聞こえます。もちろん、規則2と同じく、まったくなくなるわけではありません。口や舌は発音する形を取りますが、完全に発声するのではなく、息を止めるような感じでそのまま隣の同じ子音を発声します。ま、理屈ではそうなりますが、大切なのは実践です。とにかく、練習してみましょう。

(1)　ho(t) tea
(2)　blac(k) coffee
(3)　bi(g) game
(4)　to(p) player
(5)　dee(p) breath
(6)　nex(t) day
(7)　ca(n) never
(8)　speak(s) slowly
(9)　wi(th) this
(10)　credi(t) card

　では、今度は文の中で練習してみましょう。この規則に従い、消えたように聞こえる箇所を（　）で囲んでみてください。

⑾　Why don't you get down to business right now?
　　（さっさと仕事に取りかかりなさい）
⑿　My mother is working part time at two supermarkets.
　　（母は２つのスーパーでパートをしています）
⒀　When's the next bus to Matsumoto?
　　（次の松本行きのバスは何時ですか？）
⒁　You look tired. You should take a few days off.
　　（疲れているようね。２、３日休んだら）
⒂　Please fasten your seat belt while in motion.
　　（動いている間はシート・ベルトをお締めください）

どうです？少しネイティブの気分に近づけましたか？正解は以下です。

⑾　Why don't you ge(t) down to business right now?
⑿　My mother is working par(t) time a(t) two supermarkets.
⒀　When's the nex(t) bus to Matsumoto?
⒁　You loo(k) tired. You shoul(d) take a few days off.
⒂　Please fasten your sea(t) belt while in motion.

規則4　子と母の絆 (1)

　ネイティブ・スピーカの英語が早くて聞き取れない理由の一つとして、単語と単語がつながって発音されることが挙げられます。こうした音の連結はリエゾン（liaison）と呼ばれています。もちろん、すべての単語をつなげて読むわけではありません。次のような規則に基づいてリエゾンは行われています。

　子音で終わる単語の後に、母音で始まる単語が来ると、あたかも１語であるかのように発音されます。そして、この規則は２語だけでなく（例：an album）、３語、４語と連続して行われる場合もあります（例：

Can I have a glass of beer ?)。

　では、次の文をこの「子（音）と母（音）の絆」を意識して読んでみましょう。

(1) He'll be back in an hour.
（彼は1時間で戻ってきます）

(2) Never surrender ! Give it a try once again !
（絶対諦めるな！もう1度やってみろ！）

(3) Keep an eye on the baggage while I'm buying our tickets.
（切符を買っている間、荷物を見張ってて）

(4) That sounds a good idea.
（それはいい考えだ）

(5) It's a piece of cake.
（簡単、朝飯前だよ）

(6) I'm sorry, but Tanaka's on another line. Can I take a message ?
（申し訳ありませんが、田中は他の電話に出ております。ご伝言を承りましょうか？）

できましたか？「絆」で結ばれると、

(1) He'll be back in an hour.

(2) Never surrender ! Give it a try once again !

(3) Keep an eye on the baggage while I'm buying the tickets.

(4) That sounds a good idea.

(5) It's a piece of cake.

(6) I'm sorry, but Tanaka's on another line. Can I take a messsage?

となります。1語1語区切って読むのと比べれば、早く、自然に、そして滑らかになるのがわかりますね。

規則5　子と母の絆 (2)

引き続き、子音と母音のつながりについてです。これは日本人の多くが知っている規則だと思います。下の例にあるように、語末にある子音 [d][t][s] は、次の語頭に来る半母音 [j]（year[jíər] を発音すれば、「イヤー」と母音が含まれているのがわかりますね。もちろん、ear[íər] の発音とは微妙に異なりますが）と影響し合い、それぞれ [dʒ]（ジュ）、[tʃ]（チュ）、[ʃ]（シュ）という音に変化します。

ゆっくりと話されるときは、こうした変化は起きないことがあります。早く、くだけた調子で話されるときに、自然と発音できるように音はつながり、変化するのです。練習してみましょう。

(1) Would you come over here ?

　　（こちらに来てくれませんか？）

(2) I'm glad you could make it.

　　（君が来てくれて嬉しいよ）

(3) Who told you that ?

(誰がお前にそんなことを言ったんだ？)

(4) I'm sorry to have troubled you.

(ご迷惑をおかけして申し訳ありません)

(5) I don't get what you're trying to say.

(仰ってることがわかりません)

(6) Come and see me at your convenience.

(ご都合のいいときに会いにいらしてください)

(7) I'd like to treat you to dinner next Sunday.

(今度の日曜日に夕食に招待したいのですが)

(8) I already had supper. Did you eat yet?

(私はもう夕食を済ませました。あなたは？)

(9) I guess you're in the wrong.

(私は君が間違ってると思う)

(10) It takes you lots of time to get it done.

(それを終わらせるには膨大な時間がかかるよ)

簡単な規則ですね。それでは、God bless you !

規則6　子と母の絆 (3)

　語末の子音と語頭の半母音 [y] とがつながる他の例を紹介しましょう。規則という必要もないほど、自然とそのつながりが納得できるはずです。なぜなら、1語1語区切って読むほうが、我々ノン・ネイティブにとってもはるかに発音しにくいからです。どの言語においても、音と音が隣り合うときは、発声しやすい音へとつながり、変化を遂げていきます。

　では、今までと同様、声に出して練習してみましょう。

(1)　Why don't you hug your son ?

　　（息子を抱いてやれよ）

(2)　I couldn't understand what you said. I beg your pardon ?

　　（仰ったことがわかりません。もう一度お願いできますか？）

(3)　Let me take you where she is.

　　（君を彼女のいる場所へ連れて行こう）

(4)　I'll make you see I'm right.

　　（私が正しいことをわからせてあげる）

(5)　This is for you. I hope you'll like it.

（これあげる。気に入ってくれるといいけど）

(6) I'll help you with the homework.

（宿題手伝うわ）

(7) We're going to give you all you need.

（君が必要な物はすべて与えるつもりだ）

規則7　代名詞の h / th は弱く、素早く、そして消える。

本来、he, his, him, she, her, they, their, them などの人称代名詞は、「対比」や「新情報」として強調される場合を除けば、通常弱く、素速く発音されます。そして、それが更に弱く、速くなると [h] や [th] の音が脱落して、[(h)im] [(h)ər] [(ð)əm] となります。その結果、前の語末の子音とリエゾンし、日本人には代名詞であることがまったく認識できないほどの速さで1語のように発音されてしまいます。次の例を見てください。

(1) tell him → tell'im[télim] / tell her → tell'er[télər] / tell them → tell'em [téləm]
(2) kiss him → kiss'im[kísim] / kiss her → kiss'er[kísər] / kiss them → kiss'em[kísəm]
(3) about him → about'im[əbáutim] / about her → about'er [əbáutər] / about them → about'em[əbáutəm]

のように発音されます。では、これらの脱落・つながりを意識して以下の文を読んでみましょう。

(4) What did (h)e say ?
　　　[dídi]
　　(彼何て言ったの？)

(5) Will (h)e give (h)er the money ?
　　　[wíli]　　[gívər]
　　(あいつは彼女にその金を渡すだろうか？)

(6) I saw (th)em in the lobby a few minutes ago.
　　　[sɔ́ːəm]
　　(2、3分前にロビーで連中を見かけたよ)

(7) Will you ask (h)er to come soon ?
　　　[ǽskər]
　　(彼女にすぐに来るよう頼んでくれる？)

(8) I bought (th)em in Japan last year.
　　　[bɔ́ːtəm]
　　(去年日本で買ったんだ)

(9) Shall I make (h)im pick (th)em up at the station ?
　　　[méikim]　[píkəm]
　　(彼に駅で迎えさせましょうか？)

(10) I told (h)er the truth last night.
　　　[tóuldər]
　　(昨夜彼女に真実を話したよ)

できましたか？脱落してつながる箇所は、「弱く、素速く」発音して

ください。そうしなければ、音が消えたり、連結したりするのはかえって不自然になってしまいますよ。

規則8　縮まる音を聞き取ろう。

　日常会話では通常次の短縮形が使われます。中学、高校、大学と英語を勉強した人であれば、このような短縮形は何度も目にしたことでしょう。しかし、かなりのリスニング力と構文把握力を備えた人でなければ、日本人にはこの聞き取りが難しいようだとネイティブに指摘されたことがあります。

　もうご存知だと思いますが、その形と発音を紹介しておきます。但し、他の規則と同様、知っているだけでは役に立ちません。聞き取れて、理解できて、使えてなんぼのものです。

① be（主語となる名詞や代名詞、または疑問詞と結びつき、短縮されて発音される）

　　I am → I'm / We are → We're / You are → You're / He is → He's / She is → She's / They are → They're / Someone is → Someone's / Paul is → Paul's / What is → What's / How is → How's etc.

② 助動詞（will, would, have, has, had は主語となる名詞や代名詞、または疑問詞と結びつき、短縮されて発音される）

　　I will → I'll / He would → He'd / We have → We've / She has → She's / They had → They'd / It will → It'll / Junko has → Junko's / Who has → Who's etc.

練習してみましょう。

(1) That's what we're saying.
（我々はそう言ってるつもりだが）

(2) The point is who's going to do that.
（問題は誰がそれをするかだ）

(3) How's business ?
（どう、調子は？）

(4) I wonder what it's all about.
（いったいそれは何なんだ）

(5) My book's gone ! Who's taken it away ?
（俺の本がないぞ！誰が持って行ったんだ？）

(6) That'll be within the budget.
（それは予算内に収るでしょう）

(7) I'm sorry, but we've got to leave now.
（残念ですが、もうお暇しなければなりません）

(8) There's no Mr. Oguri here. I'm afraid you've got the wrong number.
（ここには小栗という男性はおりません。番号をお間違えです）

(9) We'd better come up with some idea before meeting him.
（彼に会う前に何か考えを出しとくほうがいいぞ）

(10) It's been a long time. How've you been ?
（久しぶりだね。元気だった？）

規則9　「ワナ」「ゴナ」

　これも日本人には比較的馴染みのある発音だと思います。歌やセリフで見たり、聞いたりしたことがあるんじゃないですか。want to, going to, got to は、速く話されると、特定の子音の配列上音がつながり、それぞれ [wánə], [gánə / gónə], [gátə / gádə / gálə] という発音に変化します。

また、実際、wanna, gonna, gotta と書かれることもあります。もちろん、これらは「速く」話すときにそうなるのであって、ゆっくり話すときに使うとかえって決まりません。

では、練習してみましょう。

(1) Don't you wanna marry her? Come on, go and get her!
（彼女と結婚したくないのか？さあ、彼女を手に入れてこいよ！）

(2) What do you wanna eat for lunch?
（昼ご飯何食べたい？）

(3) When are you gonna do it?
（それいつするつもり？）

(4) I'm gonna miss you.
（君がいなくなると淋しくなるなあ）

(5) You've gotta be kidding!
（冗談だろ！）

(6) She's gotta be back by tomorrow.
（彼女は明日までに戻って来るはずだよ）

規則10　母に挟まれた [t] は柔らかく。

よくテレビや映画で、water が「ワラ」に聞こえたことありませんか？もしあったとしたら、あなたの耳がおかしかったのではなく、実際それに近い発音で話されていたのです。これはアメリカ英語でよく起きる現象ですが、子音 t が母音に挟まれると [d] に近い音になり、更に弾音化すると、「ラ」が濁ったような音（舌の先で上の歯茎の裏を擦りながら口から息を出す）になります。アメリカ映画で water が [wɑ́lə] のように聞こえるのもそのためです。

では、練習してみましょう。

7 英語らしく話したーい

(1) Get out of the car !

　　(車から降りなさい！)

(2) We've got a lot of things to do today.

　　(今日はやることが多いぞ)

(3) Things have been getting better since you came here.

　　(君が来てから事態は好転してるよ)

(4) You'd better check it out ?

　　(調べたほうがいいぞ)

(5) How many cities are there in this prefecture ?

　　(この県にはいくつ都市がありますか？)

(6) I don't get it. You get it ?

　　(私には理解できないわ。あなたにはわかる？)

(7) Why don't you keep it up ?

　　(この調子で頑張れよ)

(8) Will you cut it out, please ?

（もうやめてくれませんか？）

　どうです？確かに、アメリカ人に少し近づいた気分になりますね（無理して近づく必要はないと思いますが）。もちろん、この規則も速く話されるときに、「自然にそうなる」のであって、ゆっくり話すときに使うと文のリズムが崩れてしまうこともあるので注意してください。

規則11　子と子の間に母は口出しをしない。

　日本人が英語をそれらしく発音できない理由の一つに、子音と子音の間に余計な母音を作り出してしまうことが挙げられます。自分では意識して子音を連続させているつもりなのに、微かな母音が子音間に入ってしまうのです。その原因は、日本語の音はすべて母音で終わるからです。子音で終わっているように見えても、実は「子音＋母音」のパターンで終わります。唯一子音だけで発音されると言われている「ん」でさえ、その後に鼻母音がよく現れます。一方、英語では子音は3つまで連続します。

　breath を発音してみてください。「ブ（ゥ）レス」と、日本語の母音「ウ」が子音 b と r の間に入らなかったですか？ strong ではどうでしょうか。「ス（ゥ）ト（ォ）ロング」と、日本語の母音「ウ」と「オ」が登場しませんでしたか？このように、子音と子音の間に存在しない母音を勝手に作り出してしまうことが、日本語英語の誕生に一役買っているのです（個人的には日本語英語もまったく OK だと思いますが）。

　練習してみましょう。

(1) Trust me for what I'm saying
　　→「トォラスゥト」になってませんか？

7 英語らしく話したーい

（私の言ってること信じてよ）

(2) What's the structure of this cell ?
→「ス<u>ゥ</u>ト<u>ォ</u>ラク<u>ゥ</u>チャー」になってませんか？

（この細胞組織はどうなってるんだ？）

(3) I didn't know you are a freshman. We're getting together next Friday.
→「フ<u>ゥ</u>レシュ<u>ゥ</u>マン」「フ<u>ゥ</u>ライディ」になってませんか？

（君が新入生だとは知らなかったよ。今度の金曜日集まるんだ）

(4) Have you ever climbed the mountain ?
→「ク<u>ゥ</u>ライム<u>ゥ</u>ドゥ」になってませんか？

（その山登ったことあるの？）

(5) Is there a drugstore near here ?
→「ド<u>ォ</u>ラッグ<u>ゥ</u>ス<u>ゥ</u>トアー」になってませんか？

（この近くにドラッグストアーはありますか？）

(6) Coffee, please. And make it black.
→「プ<u>ゥ</u>リーズ」「ブ<u>ゥ</u>ラック」になってませんか？

（コーヒーをお願いします。ブラックで）

(7) Don't wake up the baby sleeping in the cradle.
→「ス<u>ゥ</u>リーピング」「ク<u>ゥ</u>レイド<u>ォ</u>ル」になってませんか？

(揺りかごで寝ている子を起こさないでよ)

(8) Spring's come！The best season of all.
→「ス<u>ゥ</u>プ<u>ゥ</u>リング」「ベス<u>ゥ</u>ト」になってませんか？

(春が来たわ。一番いい季節よ)

規則12　文にはリズムを。

　最後の規則は、個々の発音ではなく、文全体に関することです。実は、母国語において最初に習得されるのがリズムなのです。単語を正しく発音できない幼児でも、リズムだけは母国語のそれと一致しています。したがって、日本語のリズムが英語の中に無意識に潜入するのを、なかなか避けられないのが事実です。
　しかし、そうは言っても、言語学習においてリズムの習得は不可欠です。個々の発音が上手くできても、文にリズムを加えなければ本物には近づけないからです。実質的にも、文はリズムによって意味も、そこに込められた気持ちも違ってきます。日本語でも「そんなバカなことってあるか？」（↗）と最後を上げれば、「怒り」「呆れ」「非難」といった感情に相手の同意が欲しいという気持ちが込められているのに対し、「そんなバカなことってあるか」（↘）と最後を下げれば、同じ感情を表していても、相手の同意など別に欲しいわけではないという気持ちが現れていますね。そして、当然、こちらが発する文のリズムによって相手の気持ちは影響を受け、返答も違ってきます。要するに、コミュニケーション全体の流れが変わってしまうのです。
　そんなことを念頭に置きながら、ここでは英文の基本的リズムを復習

しておきましょう。

① 平叙文の場合→最後を下げる

(1) He eats a lot.（↘）
(2) Keiko doen't speak English.（↘）

② 疑問文の場合→4つの基本型がある

a. 疑問詞を用いない疑問文→最後を上げる

(3) Does she love dogs ?（↗）
(4) Can't you drive ?（↗）

b. 疑問詞を用いた疑問文→最後を下げる

(5) When are you going to start ?（↘）
(6) How have you been ?（↘）

c. 疑問詞を用いても、聞き返すとき→最後を上げる

(7) What did he say ?（↗）
   （え、彼何て言ったの？）
(8) Tomoharu went out with...Who ?（↗）
   （智治がデートした……誰とだって？）

d. 疑問詞を用いた選択疑問文→or の前で上げて、後で下げる

(9) Which do you like better（↘）, dogs（↗）or cats ?（↘）

③ 列挙する場合→ and や or の前までは上げて、後で下げる

(10) We have coffee（↗）, tea（↗）, orange juice（↗）and soup.（↘）

(11) You can use any of them, knife（↗）, sword（↗）, gun（↗）, rifle（↗）or bomb.（↘）

④ 呼びかける場合

(12) Hey（↘）, you（↗）, what are you doing here？（↘）

(13) Lucy（↗）, it's time you went to bed.（↘）

さあ、後はネイティブのリズムにどんどん触れて、「英語らしく」話せるように頑張ってください。

[参考文献]

本書の中で引用した著書・論文の他、以下に挙げる著書・論文を参考にさせていただきました。

Collins Cobuild English Dictionary (2001)

Comrie, B. (1985) *Tense*, Cambridge University Press

Langacker, R. W. (1987) Nouns and Verbs, *Language 63*

Leech, G. N. (1987) *Meaning and the English Verb*, Longman

Leech, G. N. and Svartvik, J. (1994) *A Communicative Grammar of English*, Longman

Longman Dictionary of English Language and Culture (1998)

Bolinger, D. *Meaning and Form*, Longman

Bradley, H. and Potter, S (1967) *The Making of English*, Macmillan

Swan, M. (1995) *Practical English Usage*, Oxford University Press

Quirk *et al. A Comprehensive Grammar of the English Language*, Longman

Quirk, R. and Greenbaum, S / 池上嘉彦・米山三明・西村義樹・松本曜・友澤宏隆訳『現代英語文法大学編』 紀伊國屋書店 1990年

田中茂範『認知意味論 基本動詞の多義の構造』 三友社出版、1989年

八木克正『ネイティブの直観にせまる語法研究』 研究社出版 2000年

松波有・池上嘉彦・今井邦彦編『英語学事典』 大修館書店 1994年

[著者紹介]

永本　義弘（ながもと・よしひろ）

　神戸市生まれ。上智大学外国語学部英語科卒。同大学大学院外国語学研究科博士前期課程修了。現在九州栄養福祉大学にて「英語」および「国際関係」を講じる。

教えて欲しかった、こんな英語

2005年5月27日　1刷

著　者──永本義弘
　　　　　Ⓒ　2005 by Nagamoto Yoshihiro
発行者──南雲一範
発行所──株式会社 **南雲堂**
　　　　〒162 東京都新宿区山吹町361
　　　　電　話 (03) 3268-2384 (営業部)
　　　　　　　 (03) 3268-2387 (編集部)
　　　　Ｆ Ａ Ｘ (03) 3260-5425 (営業部)
　　　　振替口座　00160-0-46863

印刷所／日本ハイコム株式会社　　製本所／松村製本所

Printed in Japan　〈検印省略〉
乱丁、落丁本はご面倒ですが小社通販係宛ご送付ください。
送料小社負担にてお取替えいたします。

ISBN4-523-26446-5　C0082〈1-446〉

E-mail　nanundo@post.email.ne.jp
URL　　http://www.nanun-do.co.jp

TOEIC®テスト リスニング・パート 攻略

柴田バネッサ／ロバート・ウェスト共著
A5判　定価1,995円（本体1,900円）

CD付

- ◆ スコア別／弱点克服学習法紹介。
- ◆ ウィーク・ポイントを分析し、リスニング力アップのトレーニングとその効果を詳述。
- ◆ ビジネス・シチュエーションの会話問題に重点を置いく。
- ◆ 過去問題を徹底分析し、頻出する基礎問題を明記する。

TOEIC®テスト英文法攻略

柴田バネッサ／ロバート・ウェスト共著
A5判　定価1,995円（本体1,900円）

CD付

- ◆ スコアアップに即効のある重要着眼点170を掲載。
- ◆ TOEICのPartV & PartVIの文法、語彙問題を中心に頻出問題の傾向と対策を検討。
- ◆ 出題頻度の高いものを知ることにより、タイムロスと失点を防止。
- ◆ 文法を基礎からチェックしたい人、一気に点数アップを狙う人のために全パターンをカバーする340題を用意。
- ◆ TOEIC用語300を効率的に覚える頻出語リストを用意した。

南雲堂